Ravensburger Taschenbücher
Band 348

Wolfgang Ecke's Kriminalmagazin 1

5 Kriminalgeschichten
herausgegeben von Wolfgang Ecke

Otto Maier Verlag Ravensburg

Erstmals 1976 in den Ravensburger Taschenbüchern

Umschlagentwurf: Walter Emmrich

Gesamtherstellung: Ebner, Ulm
Printed in Germany 1976

5 4 3 2 1 80 79 78 77 76

ISBN 3-473-39348-7

Agatha Christie: Das Geheimnis des blauen Kruges

Jack Hartington war ärgerlich. Er hatte wieder einmal zu hoch geschlagen. Jetzt stand er neben dem Ball und blickte, die Entfernung abschätzend, zum Abschlagmal zurück. Mit einem Seufzer zog er seinen metallenen Golfschläger aus dem Futteral, aber zwei weitere fehlerhafte Schläge vernichteten lediglich ein paar Löwenzahnblüten und ein Büschel Gras.

Mit fünfundzwanzig Jahren seinen Stil im Golf zu verbessern war nicht leicht, besonders dann nicht, wenn man, wie er, gezwungen war, die meiste Zeit damit zu verbringen, seinen Lebensunterhalt zu verdienen. Fünf und einen halben Tag der Woche mußte Jack in einem düsteren Büro schmachten. Die Wochenenden aber waren einzig und allein seiner Passion gewidmet. Um jedoch auch an den Wochentagen seinem geliebten Sport frönen zu können, hatte sich Jack in einem kleinen Hotel in der Nähe des Golfplatzes von Stourton Heath eingemietet.

Täglich stand er um sechs Uhr früh auf, um eine Stunde zu üben, bevor er den Zug um acht Uhr sechsundvierzig in die Stadt nehmen mußte.

Auch mit seinem Spezialschläger hatte er kein Glück. Es war zum Verzweifeln. Immer, wenn der Ball auf eine kurze Distanz geschlagen werden sollte, schoß er mindestens um das Vierfache über sein Ziel hinaus.

Jack seufzte, nahm seinen Schläger fest in die Hand und

gab sich selber den Befehl: »Linker Arm ganz durchgedrückt, nicht hochschauen!«
Er holte aus und hielt sofort inne, als ein schriller Schrei die Stille des Sommermorgens durchbrach. Er war wie versteinert.
»Mord!« rief es, »Hilfe! Mord!«
Es war eine Frauenstimme, die schließlich in einer Art gurgelndem Seufzer erstarb.
Jack schleuderte seinen Schläger hin und rannte in die Richtung, aus der der Schrei gekommen war. Es mußte ganz in der Nähe sein. Dieser Teil des Golfplatzes war unkultiviertes Land, und es gab hier nur wenige Häuser. Eigentlich stand nur ein einziges in der Nähe, ein kleines, malerisches Landhäuschen, das Jack schon oft wegen seiner architektonischen Feinheit aufgefallen war. Es war durch einen heidekrautbewachsenen Abhang verborgen, er umging ihn, und in weniger als einer Minute stand er vor dem kleinen, verschlossenen Tor.
Im Garten stand ein Mädchen, und einen Augenblick lang glaubte Jack, daß sie um Hilfe gerufen hatte. Aber dann änderte er seine Meinung.
Sie hatte einen kleinen Korb mit Unkraut in der Hand. Offenbar hatte sie ihre Arbeit, ein großes Stiefmütterchenbeet zu jäten, gerade beendet. Ihre Augen, bemerkte Jack, waren selbst wie Stiefmütterchen, samtig, weich und dunkel, und mehr violett als blau. In ihrem einfachen lila Leinenkleid sah sie selbst wie ein Stiefmütterchen aus. Das Mädchen blickte Jack mit einem Ausdruck zwischen Verärgerung und Erstaunen an.
»Verzeihung«, sagte der junge Mann, »aber haben Sie eben geschrien?«
»Ich? Nein, wirklich nicht.«
Ihre Überraschung war so echt, daß Jack seine Frage peinlich war. Ihre Stimme war weich und klang mit einem leichten ausländischen Akzent sehr reizvoll.
»Aber Sie müssen es gehört haben!« rief er aus. »Es kam von irgendwo hier in der Nähe.«

Sie sah ihn verwundert an.
»Ich habe überhaupt nichts gehört.«
Jetzt starrte Jack sie an. Es war völlig unmöglich, daß sie diesen gequälten Hilferuf nicht gehört hatte. Und doch strahlte sie eine solche Ruhe aus, daß er nicht glauben konnte, daß sie ihn anlog.
»Was wurde denn gerufen?« fragte sie.
»Mord, Hilfe, Mord!«
»Mord, Hilfe, Mord«, wiederholte das Mädchen. »Jemand hat sich einen Scherz mit Ihnen erlaubt, Monsieur. Wer könnte hier schon umgebracht werden?«
Jack sah sich um. Er hatte die fixe Idee, irgendwo auf dem Gartenweg eine Leiche zu finden. Er war immer noch überzeugt davon, daß der Schrei, den er gehört hatte, echt gewesen und kein Produkt seiner Einbildung war. Er blickte zu den Fenstern des kleinen Landhauses empor. Alles schien völlig ruhig und friedlich zu sein.
»Wollen Sie vielleicht unser Haus durchsuchen?« erkundigte sich das Mädchen ironisch.
Sie war so voller Skepsis, daß Jacks Verwirrung immer größer wurde. Er wandte sich ab.
»Es tut mir leid«, sagte er. »Es muß von höher oben aus dem Wald gekommen sein.«
Er zog seine Mütze und ging. Während er über die Schulter zurückblickte, sah er, daß das Mädchen ruhig ihre Jätarbeit wieder aufgenommen hatte.
Einige Zeit durchstreifte er den Wald, aber er konnte nichts Ungewöhnliches feststellen. Trotzdem war er so sicher wie zuvor, daß er diesen Schrei vernommen hatte. Schließlich gab er seine Suche auf und eilte zurück nach Hause, um hastig sein Frühstück hinunterzustürzen und den Zug zu erwischen.
Sein Gewissen drückte ihn ein wenig, als er im Zug saß. Hätte er nicht sofort der Polizei melden müssen, was er gehört hatte? Daß er es nicht tat, war einzig und allein der Reaktion des Mädchens zuzuschreiben. Sie hatte ihn ganz sicher verdächtigt, daß er anbändeln wollte.

Wahrscheinlich hätte die Polizei dasselbe vermutet. Hatte er den Schrei wirklich gehört?
Mittlerweile war er nicht mehr annähernd so sicher wie vorher. Vielleicht war es der Schrei eines Vogels gewesen, den er für eine Frauenstimme gehalten hatte? Ärgerlich verwarf er diese Annahme. Es war eine Frauenstimme gewesen, und er hatte sie gehört. Er erinnerte sich, kurz vor dem Schrei auf die Uhr geblickt zu haben. Es war fünfundzwanzig Minuten nach sieben gewesen, wenn er sich recht erinnerte. Das könnte ein brauchbarer Hinweis für die Polizei sein, falls irgend etwas entdeckt werden sollte.
Als er an diesem Abend nach Hause fuhr, studierte er die Abendzeitung sorgfältig, um zu sehen, ob irgend etwas über ein Verbrechen erwähnt war. Aber er fand nichts, und er wußte kaum, ob er darüber erleichtert oder enttäuscht sein sollte.

Der folgende Morgen war naß, so naß, daß wohl auch der fanatischste Golfspieler seinen Eifer gedämpft hätte. Jack stand in der letzten Minute auf, schlang sein Frühstück hinunter und rannte, um den Zug zu erreichen. Wiederum durchsuchte er eifrig die Zeitung. Immer noch kein Bericht über irgendeine grausige Entdeckung. Die Abendzeitung brachte auch nichts.
Komisch, sagte sich Jack. Aber das wird es sein – ein paar kleine Jungen, die im Wald gespielt haben.

Am nächsten Morgen war er schon früh draußen. Als er an dem kleinen Landhaus vorbeikam, bemerkte er mit einem Seitenblick das Mädchen, das wieder im Garten Unkraut zupfte. Offenbar eine Gewohnheit von ihr.
Er schlug seinen Ball in ihre Nähe, in der Hoffnung, daß sie ihn bemerken würde. Als er auf sein nächstes Ziel zuging, sah er auf die Uhr. »Gerade wieder fünfundzwanzig Minuten nach sieben«, murmelte er. »Ich bin gespannt . . .«

Die Worte erstarben auf seinen Lippen.
Hinter ihm ertönte der gleiche Schrei, der ihn schon einmal entsetzt hatte. Eine Frauenstimme rief in schrecklicher Bedrängnis:
»Mord! Hilfe! Mord!«
Jack jagte zurück. Das Mädchen mit den Stiefmütterchenaugen stand an der Pforte. Sie hob erstaunt den Kopf, als Jack triumphierend auf sie zulief und ausrief:
»Diesmal haben Sie es aber gehört!«
Sie musterte ihn von oben bis unten, so daß Jack unbehaglich von einem Fuß auf den anderen trat. Er merkte, wie sie vor ihm zurückschreckte, und als er auf sie zuging, sah sie sich ängstlich um, als sei sie bereit, ins Haus zu rennen, um Schutz zu suchen.
Sie schüttelte ihren Kopf und starrte ihn verständnislos an.
»Ich habe überhaupt nichts gehört«, sagte sie.
Es war, als hätte sie ihm einen Schlag versetzt. Sie sagte das so überzeugend, daß er ihr glauben mußte. Trotzdem, er konnte es sich nicht eingebildet haben – es konnte nicht sein, nein, es konnte keine Einbildung sein.
Ihre Stimme klang freundlich, fast ein wenig mitleidig, als sie ihn fragte:
»Sie haben einen Schock beim Bombenangriff erlitten, was?«
Nun begriff er den Ausdruck der Furcht, ihren verstohlenen Blick zum Fenster. Sie glaubte, er habe Halluzinationen.
Und dann, wie eine kalte Dusche, kam ihm der fürchterliche Gedanke: Hatte sie recht? Litt er wirklich an einer Täuschung? Entsetzt über diese Möglichkeit, drehte er sich abrupt um und stolperte ohne ein Wort der Erklärung davon. Das Mädchen schaute ihm nach, seufzte und bückte sich kopfschüttelnd, um weiterzujäten.
Jack bemühte sich, die Dinge mit sich selbst ins reine

zu bringen. Wenn ich diesen verdammten Schrei wieder um fünfundzwanzig Minuten nach sieben höre, sagte er sich, steht fest, daß ich irgendeine Halluzination habe. Aber ich werde ihn nicht noch einmal hören.
Den ganzen Tag über war er nervös. Er ging frühzeitig ins Bett, entschlossen, die Sache am nächsten Morgen aufzuklären.

Es war verständlich, daß er fast die halbe Nacht wach lag und schließlich sogar noch verschlief. Es war schon zwanzig Minuten nach sieben, als er aus dem Hotel herauskam und die Abhänge hinunterrannte. Er sah ein, daß er bis fünfundzwanzig nach sieben den Platz nicht mehr erreichen konnte. Andererseits, wenn dieser Schrei tatsächlich eine Halluzination war, würde er ihn auch woanders hören. Er rannte weiter. Sein Blick klebte auf dem Zifferblatt seiner Armbanduhr.
Fünfundzwanzig nach sieben.
Von weit her kam das Echo einer Frauenstimme. Die Worte waren nicht erkennbar, aber er war überzeugt, es war der gleiche Schrei, den er zuvor gehört hatte, und er kam aus derselben Richtung, irgendwo in der Nähe des kleinen Landhauses.
Eigenartigerweise beruhigte ihn diese Tatsache. Es könnte immerhin eine Fopperei sein. So unwahrscheinlich es schien, aber auch dieses Mädchen selbst könnte sich einen Streich mit ihm erlauben. Er richtete sich resolut auf und nahm einen Schläger aus seiner Golftasche. Er würde die ersten Löcher bis zum Landhaus spielen.
Das Mädchen war, wie gewöhnlich, im Garten. Sie sah zu ihm auf, und als er seine Mütze zog, sagte sie schüchtern: »Guten Morgen!«
Sie erschien ihm lieblicher als je zuvor.
»Ein schöner Tag, nicht wahr?« rief Jack munter und verwünschte sich, weil ihm nichts Besseres eingefallen war.

»Ja, wirklich, sehr schön.«

»Gut für den Garten, nehme ich an.«

Das Mädchen lächelte und zeigte dabei ein faszinierendes Grübchen.

»Leider nein. Meine Blumen brauchen Regen. Sehen Sie, sie sind schon ganz vertrocknet.«

Jack faßte dies als Einladung auf und trat an die niedrige Hecke, die den Garten vom Golfplatz trennte.

»Mir scheinen sie in Ordnung«, bemerkte er unbeholfen und wand sich unter dem leicht mitleidigen Blick des Mädchens.

»Die Sonne tut gut, nicht wahr?« fragte sie. »Die Blumen kann man ja immer noch begießen, aber die Sonne gibt Kraft und erneuert die Gesundheit. Monsieur geht es heute viel besser, wie ich sehe.«

Ihr ermunternder Ton ärgerte Jack.

Verflixt, dachte er, ich glaube, sie versucht mich durch Suggestion zu kurieren.

»Ich bin völlig gesund«, sagte er irritiert.

»Dann ist es ja gut«, antwortete das Mädchen rasch und besänftigend.

Jack hatte das ungewisse Gefühl, daß sie ihm nicht glaubte.

Er spielte noch eine Weile und eilte dann zurück zu seinem Frühstück. Während er aß, bemerkte er – und nicht zum erstenmal – den forschenden Blick eines Mannes an seinem Nebentisch. Es war ein Herr mittleren Alters mit einem kraftvollen, energischen Gesicht. Er trug einen schmalen dunklen Bart und hatte graue, durchdringende Augen. Sein sicheres Auftreten ließ darauf schließen, daß er der höheren Gesellschaftsschicht angehörte. Jack wußte, daß er Lavington hieß, und hatte vage Gerüchte über sein Ansehen als Mediziner gehört. Da Jack kein häufiger Besucher der Harley Street war, hatte ihm dieser Name wenig oder eigentlich gar nichts bedeutet.

Heute morgen spürte er die stille Beobachtung. Es er-

schreckte ihn ein wenig. War ihm sein Geheimnis schon deutlich ins Gesicht geschrieben, so deutlich, daß es jeder sehen konnte? Wußte dieser Mann durch seine berufliche Erfahrung, daß bei ihm irgend etwas nicht stimmte? Jack schauderte bei diesem Gedanken. War es wahr? Wurde er wirklich langsam wahnsinnig? War die ganze Sache tatsächlich eine Halluzination, oder erlaubte sich doch nur jemand einen Scherz mit ihm?
Plötzlich kam ihm eine Idee, wie er der Sache auf die Spur kommen konnte. Bisher war er auf seinen Runden immer allein gewesen. Angenommen, jemand war bei ihm? Dann mußte eines von drei Dingen passieren: Der Schrei wiederholte sich überhaupt nicht; sie könnten ihn beide hören; oder nur er allein würde ihn hören.
An diesem Abend begann er seinen Plan in die Tat umzusetzen. Lavington war der Mann, den er dazu brauchte. Eine Unterhaltung anzubahnen war nicht schwer. Dem älteren Mann mochte es vielleicht ganz recht sein. Es war klar, daß Jack ihn aus dem einen oder anderen Grund interessierte. So ergab es sich fast von selbst, daß sie verabredeten, am folgenden Morgen vor dem Frühstück zusammen eine Partie Golf zu spielen.

Kurz vor sieben machten sie sich auf den Weg. Es war ein herrlicher Tag, strahlend und wolkenlos, aber noch nicht zu warm. Der Doktor spielte gut, Jack jämmerlich. Er dachte nur an den Schrei. Immer wieder schielte er verstohlen auf seine Armbanduhr. Sie erreichten die siebte Markierung – zwischen dieser und dem nächsten Loch lag das Landhaus – ungefähr um zwanzig Minuten nach sieben.
Das Mädchen stand, wie immer, im Garten, als sie vorbeikamen. Sie sah nicht auf.
Die beiden Golfbälle lagen im Gras, Jacks in der Nähe des Loches, der des Doktors ein wenig weiter weg.
»Das ist meiner«, sagte Lavington. »Ich glaube, ich muß etwas kräftiger zuschlagen.«

Er bückte sich und schätzte die Strecke ab. Jack starrte auf die Uhr. Es war genau fünfundzwanzig Minuten nach sieben.
Der Ball huschte über das Gras, stoppte vor dem Loch, zögerte und fiel hinein.
»Ein guter Schlag«, lobte Jack. Mit einem Seufzer der Erleichterung schob er seine Uhr am Arm hinauf. Es war nichts geschehen. Der Zauber war gebrochen.
»Wenn es Ihnen nichts ausmacht, eine Minute zu warten«, sagte er, »würde ich mir gern eine Pfeife stopfen.«
Sie verweilten kurze Zeit bei der achten Markierung.
Jack füllte seine Pfeife und zündete sie mit zitternden Händen an. Eine große Last schien ihm von der Seele gefallen zu sein.
»Gott, was für ein schöner Tag!« rief er aus und genoß die Aussicht. »Machen Sie weiter, Lavington, Sie sind dran.«
Und dann hörte er es. Gerade in dem Moment, als der Doktor zuschlug. Eine Frauenstimme, schrill und gequält.
»Mord! Hilfe! Mord!«
Die Pfeife fiel Jack aus der Hand. Er schnellte in die Richtung, aus der der Schrei gekommen war. Dann starrte er atemlos auf seinen Begleiter.
Lavington beschattete seine Augen mit der Hand und blickte auf den Rasen.
»Ein bißchen kurz«, sagte er, »aber ich glaube, er ist doch noch hineingerutscht.«
Er hatte nichts gehört!
Die Welt schien sich verkehrt um Jack zu drehen. Er wankte.
Als er wieder zu sich kam, lag er auf dem kurzgeschnittenen Rasen, und Lavington beugte sich über ihn.
»So, schön ruhig bleiben, es ist ja alles gut!«
»Was habe ich getan?«
»Sie wurden ohnmächtig, junger Mann. Zumindest sah es so aus.«

»Mein Gott!« stöhnte Jack.
»Was ist los? Stimmt etwas nicht mit Ihnen?«
»Ich erzähle es Ihnen gleich, aber zuerst möchte ich Sie etwas fragen.«
Der Arzt zündete seine Pfeife an und setzte sich auf eine Bank.
»Fragen Sie alles, was Sie wollen«, sagte er tröstend.
»Sie haben mich in den letzten paar Tagen beobachtet. Warum?«
Lavington zwinkerte mit den Augen und antwortete:
»Das ist eine ziemlich direkte Frage. Ich darf Sie doch anschauen.«
»Halten Sie mich nicht hin. Ich meine es ernst. Warum? Ich habe einen triftigen Grund für diese Frage.«
Lavingtons Gesicht wurde ernst.
»Ich will Ihnen ganz ehrlich antworten. Ich entdeckte an Ihnen alle Anzeichen einer akuten Belastung, unter der Sie zu leiden haben. Selbstverständlich interessierte es mich, herauszufinden, wo der Grund hierfür lag.«
»Das kann ich Ihnen leicht erklären«, sagte Jack bitter. »Ich bin auf dem Weg, irrsinnig zu werden.«
Er hielt dramatisch inne, aber da sich Lavington von seiner Enthüllung weniger beeindruckt zeigte, als er es erwartet hatte, wiederholte er:
»Ich sage Ihnen, ich werde wahnsinnig!«
»Seltsam«, murmelte Lavington. »Wirklich sehr seltsam.«
Jack fühlte etwas wie Ärger in sich hochsteigen.
»Ist das alles, was Ihnen einfällt? Ärzte sind so verdammt gefühllos!«
»Bitte, bitte, mein junger Freund, Sie irren sich. Zunächst einmal praktiziere ich nicht Medizin, obgleich ich mein Examen gemacht habe. Genau gesagt, ich bin kein Arzt, das heißt, kein Arzt für den Körper.«
Jack betrachtete ihn neugierig. »Für den Geist?«
»Ja, ungefähr. Aber genauer gesagt, ich nenne mich einen Doktor der Seele.«

»Aha!«
»Ihrem geringschätzigen Ton entnehme ich, daß Sie damit nicht viel anzufangen wissen. Aber man muß für die Seele doch eine Bezeichnung finden, nicht wahr? Sehen Sie, junger Mann, Seele, das ist nicht nur eine von Geistlichen erfundene religiöse Bezeichnung. Wir nennen es den Geist oder das Unbewußte. Nehmen Sie jeden anderen Ausdruck, der Ihnen besser gefällt. Sie haben sich vorhin an meinen Worten gestoßen, aber ich kann Ihnen versichern, daß es mich wirklich sehr seltsam berührt hat, daß ein so ausgeglichener und normaler Mann wie Sie von sich glaubt, er werde wahnsinnig werden.«
»Ich bin schon wahnsinnig. Vollkommen verrückt, jawohl.«
»Entschuldigen Sie, wenn ich das sage, aber ich glaube Ihnen nicht.«
»Ich habe Wahnvorstellungen.«
»Nach dem Abendessen?«
»Nein, morgens.«
»Das gibt es nicht«, sagte der Arzt und zündete seine Pfeife wieder an.
»Ich sage Ihnen, ich höre Dinge, die sonst niemand hört.«
Lavington lächelte.
»Von tausend Menschen kann einer die Monde des Jupiter sehen. Wenn die anderen neunhundertneunundneunzig sie nicht sehen können, so ist das kein Grund, an ihrer Existenz zu zweifeln, und ganz gewiß kein Grund, den tausendsten Menschen einen Irren zu nennen.«
»Die Jupitermonde sind eine wissenschaftlich erwiesene Tatsache.«
»Es ist ganz leicht möglich, daß Wahnvorstellungen von heute schon morgen als wissenschaftliche Tatsache zu beweisen sind.«
Lavingtons bestimmte Art machte auf Jack Eindruck.

Er fühlte sich gleichermaßen getröstet und aufgemuntert.
Der Arzt blickte ihn eine Weile aufmerksam an. Dann nickte er.
»So ist's schon besser«, meinte er. »Das Schlimme mit euch jungen Leuten ist, daß ihr so überzeugt seid, außerhalb eurer eigenen Philosophie könne nichts existieren. Und wenn irgend etwas geschieht, das nicht in eure Anschauung paßt, gebt ihr einfach auf. Erzählen Sie mir, aus welchem Grund Sie glauben, Sie werden verrückt. Dann werden wir weitersehen.«
Ehrlich und ohne Umschweife berichtete Jack von den Ereignissen.
»Was ich nicht verstehen kann«, schloß er, »ist, daß es heute morgen um halb acht, also fünf Minuten später, kam.«
Lavington überlegte einen Moment. Dann fragte er:
»Wie spät ist es jetzt auf Ihrer Uhr?«
»Viertel vor acht«, sagte Jack.
»Dann ist es leicht zu erklären. Meine Uhr ist zwanzig vor acht. Ihre wird also fünf Minuten vorgehen. Das ist der interessanteste und wichtigste Punkt für mich. Sogar unschätzbar wichtig.«
»Wieso?«
»Nun, es sieht so aus, als ob Sie am ersten Morgen tatsächlich einen Schrei gehört hätten. Vielleicht war es ein Scherz, vielleicht auch nicht. An den folgenden Morgen suggerierten Sie sich selbst, ihn um die ganz gleiche Zeit wieder zu hören.«
»Ich bin sicher, daß ich ihn wirklich gehört habe.«
»Sie haben sich das nicht bewußt eingeredet. Aber das Unterbewußtsein spielt uns manchmal reichlich komische Streiche. Jedenfalls, diese Erklärung ist nichts wert. Wenn es ein Fall von Selbstsuggestion wäre, dann hätten Sie den Schrei genau dann gehört, als es auf Ihrer Uhr sieben Uhr fünfundzwanzig war.«
»Und nun?«

»Nun liegt es auf der Hand, daß dieser Hilferuf an einen bestimmten Platz und an eine bestimmte Zeit gebunden ist. Der Platz ist die Umgebung des Landhauses, und die Zeit ist fünfundzwanzig Minuten nach sieben.«

»Ja, aber warum sollte ausgerechnet ich derjenige sein, der ihn hört? Ich glaube nicht an Geister und dieses Spuktheater, Geisterbeschwörung und solchen Kram. Weshalb sollte gerade ich den verdammten Schrei hören?«

»Das können wir im Moment noch nicht sagen. Es ist seltsam, daß viele der besten Medien voller Skepsis stecken. Nicht die Leute, die an okkulten Phänomenen interessiert sind, haben übernatürliche Kräfte. Manche Menschen sehen und hören Dinge, die andere nicht hören. Wir wissen nicht, warum. Und von zehn wollen es neun nicht hören oder sehen und sind überzeugt, daß sie an Wahnvorstellungen leiden, genau wie Sie.

Es ist wie mit der Elektrizität. Manche Substanzen sind gute Leiter, andere nicht, und lange wußten wir nicht, weshalb, und mußten uns damit zufriedengeben, diese Tatsache zu akzeptieren. Heute wissen wir, weshalb. Eines Tages werden wir auch wissen, warum Sie den Schrei hörten und das Mädchen und ich nicht.

Jedes Ding untersteht einem natürlichen Gesetz. Es gibt in Wirklichkeit nichts Übernatürliches. Diese Gesetze zu finden, die die sogenannten psychischen Phänomene beherrschen, wird eine schwere Aufgabe sein. Aber jeder kleinste Hinweis hilft.«

»Aber was soll ich machen?« fragte Jack.

Lavington schmunzelte.

»Praktisch, wie ich merke. Nun, mein junger Freund, Sie werden gehen und kräftig frühstücken. Dann werden Sie in die Stadt fahren und sich nicht weiter den Kopf über Dinge zerbrechen, die Sie doch nicht verstehen. Ich andererseits werde ein wenig herumschnüffeln und sehen, was ich über dieses Landhaus da hinten herausfinden kann. Dort liegt das Zentrum des Geheimnisses, darauf möchte ich schwören.«

Jack erhob sich.

»Gut, Sir«, sagte er, »ich gehe. Aber ich meine . . .«

»Ja?«

Jack errötete. »Ich bin sicher, daß das Mädchen in Ordnung ist«, murmelte er.

Lavington schien sich zu amüsieren.

»Sie haben mir nicht gesagt, daß es sich um ein hübsches Mädchen handelt. Na, halten Sie die Ohren steif. Ich bin überzeugt, daß das Geheimnis schon bestand, bevor sie herkam.«

Voller Neugierde kam Jack an diesem Abend nach Hause. Er war jetzt soweit, Lavington blind zu vertrauen. Der Arzt hatte die Geschichte so natürlich aufgenommen und so realistisch behandelt, daß Jack tief beeindruckt war.

Sein neuer Freund wartete schon auf ihn in der Halle, als er zum Abendessen hinunterkam.

»Etwas Neues, Sir?« fragte Jack begierig.

»Ich habe mich ein wenig über die diversen Besitzer des Heather-Landhauses erkundigt. Zuerst war es von einem alten Gärtner und seiner Frau bewohnt. Als der Mann starb, ging die Frau zu ihrer Tochter. Dann erwarb es ein Baumeister, modernisierte es und verkaufte es an einen Herrn aus der Stadt, der es als Wochenendhaus benutzte. Ungefähr vor einem Jahr verkaufte der es an Mr. und Mrs. Turner. Das muß ein ziemlich eigenartiges Paar gewesen sein, soweit ich feststellen konnte. Er war Engländer, und seine Frau soll eine Halbrussin gewesen sein, sehr schön und sehr exotisch, wie man mir sagte. Sie lebten sehr zurückgezogen, besuchten niemanden und gingen kaum einmal in den Garten hinaus. Das Gerücht geht um, daß sie vor irgend etwas Angst hatten. Aber ich glaube, darauf sollten wir uns nicht verlassen.

Und eines Tages zogen sie ganz plötzlich aus. Sie kamen niemals wieder. Mr. Turner instruierte aus London lediglich einen Agenten, das Haus und die Möbel so schnell wie möglich zu verkaufen.
Der nächste Besitzer hieß Mr. Mauleverer. Er wohnte tatsächlich nur vierzehn Tage darin, dann inserierte er, daß das Haus möbliert zu haben sei. Die Leute, denen es jetzt gehört, sind ein schwindsüchtiger französischer Professor und seine Tochter. Sie sind erst zehn Tage dort.«
Jack hatte schweigend zugehört.
»Ich sehe nicht, wie uns das weiterbringen kann. Oder Sie?« fragte er endlich.
»Ich möchte noch mehr über die Turners wissen«, antwortete Lavington ruhig. »Sie verschwanden so sang- und klanglos, ganz frühmorgens. Soviel ich feststellen konnte, hat niemand ihr Weggehen bemerkt. Mr. Turner ist seitdem schon gesehen worden, aber ich kann niemanden finden, der Mrs. Turner je wieder gesehen hätte.«
Jack erbleichte.
»Das kann nicht sein! Sie meinen doch nicht ...«, stammelte er.
»Regen Sie sich nicht auf, junger Freund. Der Einfluß eines jeden kurz vor dem Tod, und speziell vor einem gewaltsamen Tod, auf seine Umgebung ist sehr stark. Diese Umgebung mag den Einfluß aufgenommen haben, um ihn auf einen passend eingestellten Empfänger wieder auszustrahlen. In diesem Falle auf Sie.«
»Aber warum ich?« rief Jack rebellierend. »Weshalb nicht jemand anders, der etwas damit anfangen kann?«
»Sie betrachten diese Kraft als intelligent und überlegend. Sie ist blind und mechanisch. Ich glaube selbst nicht an erdgebundene Geister, die zu einem bestimmten Zweck irgendwo spuken. Aber ich habe immer und immer wieder Dinge gesehen, so daß ich kaum mehr glauben kann, daß es reiner Zufall ist. Meiner Meinung

nach ist es so eine Art dunkles Umhertasten nach der Gerechtigkeit, eine unterirdische Bewegung blinder Kräfte, die immer verborgen nach dieser Richtung arbeiten.«

Er schüttelte sich, als hätte irgend etwas von ihm Besitz ergriffen und belaste ihn, dann wandte er sich mit einem Lächeln an Jack.

»Lassen Sie uns die Geister verbannen, jedenfalls für heute abend«, schlug er vor.

Nur zu gern stimmte Jack zu, aber er hatte Mühe, damit fertig zu werden.

Während des Wochenendes stellte er selber Nachforschungen an, konnte aber nur wenig mehr als der Doktor ermitteln.

Auf jeden Fall hatte er es aufgegeben, vor dem Frühstück Golf zu spielen.

Was dann passierte, kam völlig unerwartet.

Als er eines Tages zurückkam, wurde ihm mitgeteilt, daß ihn eine junge Dame sprechen wolle. Zu seiner Überraschung stellte sich heraus, daß es das Mädchen aus dem Garten war, das Stiefmütterchen-Mädchen, wie er sie in Gedanken immer genannt hatte.

Sie war sehr nervös und durcheinander.

»Ich hoffe, Sie verzeihen mir, Monsieur, daß ich einfach hierherkomme, um Sie zu sprechen. Aber ich muß Ihnen etwas erzählen. Ich . . .«

Sie blickte sich unsicher um.

»Gehen wir hier hinein«, sagte Jack und führte sie in den Damensalon des Hotels, ein trostloses Zimmer in rotem Plüsch.

»Bitte, setzen Sie sich doch, Miss . . . Miss . . .«

»Marchaud, Monsieur. Felise Marchaud.«

»Nehmen Sie bitte Platz, Mademoiselle Marchaud, und erzählen Sie mir alles.«

Gehorsam setzte sich Felise. Sie war heute in Dunkelgrün gekleidet, was ihr sehr gut stand. Mehr als je zuvor bemerkte Jack ihren Charme und ihre Schönheit. Sein Herz schlug schneller, als er sich neben sie setzte.

»Es ist so«, begann Felise. »Wir sind erst kurze Zeit hier. Aber seit unserem Einzug erzählt man uns, in unserem Haus – unserem süßen kleinen Haus – spuke es. Kein Dienstbote will bleiben. Das ist nicht so schlimm – ich kann die Hausarbeit selber machen und auch kochen.«

Engel! dachte der entflammte junge Mann. Sie ist wunderbar. Nach außen hin behielt er den Ausdruck sachlicher Aufmerksamkeit.

»Dieses Reden über Geister«, fuhr Felise fort. »Ich glaube, das ist alles Unsinn – das heißt, bis vor vier Tagen glaubte ich es. Monsieur, seit vier Nächten habe ich denselben Traum. Eine Dame steht da, sie ist schön, groß und lieblich. In ihren Händen hält sie einen blauen chinesischen Krug. Sie wirkt gequält, sehr gequält, und immer wieder hält sie mir diesen Krug entgegen, als ob sie mich anflehte, irgend etwas damit zu tun. Aber sie kann nicht sprechen, und ich weiß nicht, was sie will. Diesen Traum hatte ich die ersten beiden Nächte. Aber vorletzte Nacht kam noch etwas dazu. Die Dame und der blaue Krug verschwanden, und plötzlich hörte ich ihre Stimme. Ich weiß, es war ihre Stimme, begreifen Sie, Monsieur? Sie rief: ›Mord! Hilfe! Mord!‹

Ich erwachte, in Schweiß gebadet. Ich redete mir ein, es sei ein Alptraum, und die Worte, die Sie auch hörten, seien ein Zufall. Aber vergangene Nacht kam der Traum wieder. Monsieur, was ist das? Sie haben es doch auch gehört. Was sollen wir tun?«

Felises Gesicht war verstört. Ihre schmalen Hände krampften sich zusammen, und flehentlich blickte sie auf Jack. Er heuchelte eine Unbekümmertheit, die er durchaus nicht empfand.

»Sie müssen keine Angst haben, Mademoiselle Marchaud. Wenn es Ihnen nichts ausmacht, wiederholen Sie

die ganze Geschichte vor Dr. Lavington, einem Freund von mir. Er wohnt auch hier.«
Felise erklärte sich einverstanden, und Jack ging, um Lavington zu suchen. Ein paar Minuten später kehrte er mit ihm zurück.
Lavington beobachtete das Mädchen genau, als Jack sie mit ihm bekannt machte. Mit ein paar tröstenden Worten gelang es ihm, sie zu beruhigen. Dann lauschte er gespannt ihrer Geschichte.
»Äußerst seltsam«, sagte er, als sie fertig war. »Haben Sie mit Ihrem Vater darüber gesprochen?«
Felise schüttelte den Kopf.
»Ich wollte ihn nicht beunruhigen. Er ist immer noch sehr krank.« Ihre Augen füllten sich mit Tränen. »Ich halte alles von ihm fern, was ihn aufregen könnte.«
»Ich verstehe«, sagte Lavington gütig. »Und ich bin froh, daß Sie zu uns gekommen sind, Mademoiselle Marchaud. Hartington hier, wie Sie wissen, hatte ein Erlebnis, das Ihrem sehr ähnlich ist. Ich glaube, daß wir dem Geheimnis nun auf der Spur sind. Fällt Ihnen noch etwas ein?«
Felise machte eine rasche Bewegung.
»Natürlich! Wie dumm von mir. Es ist das Wichtigste der ganzen Geschichte. Schauen Sie, Monsieur, was ich hinter dem Küchenschrank fand.«
Sie zeigte ihnen ein schmutziges Stück Zeichenpapier, auf dem in Wasserfarben die Rohskizze einer Frau hingeworfen war. Es war nur eine Kleckserei, aber die Ähnlichkeit war deutlich. Es zeigte eine große blonde Frau mit einem fremdländischen Gesicht. Sie stand an einem Tisch, auf dem ein blauer Porzellankrug stand.
»Ich habe es erst heute morgen gefunden«, erklärte Felise. »Monsieur, das ist das Gesicht der Frau aus meinem Traum. Und es ist derselbe Krug.«
»Ungewöhnlich«, meinte Lavington. »Der Schlüssel zu diesem Geheimnis ist ganz offensichtlich der blaue Krug. Mir scheint, es ist ein chinesischer Krug, wahr-

scheinlich ein sehr alter. Er hat ein eigentümliches Muster.«

»Er ist chinesisch«, erklärte Jack. »Ich habe ein genau gleiches Stück in der Sammlung meines Onkels gesehen. Er ist ein leidenschaftlicher Sammler chinesischen Porzellans. Ich erinnere mich, einen solchen Krug vor nicht allzu langer Zeit gesehen zu haben.«

»Der chinesische Krug«, murmelte Lavington. Er versank ein paar Minuten in Gedanken, dann hob er plötzlich den Kopf, und ein seltsames Leuchten trat in seine Augen.

»Hartington, wie lange hat Ihr Onkel diesen Krug schon?« fragte er.

»Wie lange? Das weiß ich wirklich nicht.«

»Denken Sie nach! Hat er ihn erst kürzlich gekauft?«

»Ich weiß es nicht. Ja . . . ich glaube, ja. Jetzt erinnere ich mich. Ich selbst interessiere mich nicht sehr für Porzellan, aber mir ist so, als hätte er mir diesen Krug als neuesten Zugang seiner Sammlung gezeigt.«

»Ist das weniger als zwei Monate her? Die Turners haben das Heather-Landhaus vor ungefähr acht Wochen verlassen.«

»Ja, ich glaube, es war vor zwei Monaten.«

»Besucht Ihr Onkel manchmal Auktionen?«

»Er fährt von einer Auktion zur anderen.«

»Dann dürfen wir wohl mit Recht annehmen, daß er diesen Krug auf der Versteigerung der Turnerschen Sachen erstand. Ein seltsamer Zufall – oder vielleicht das, was ich das Suchen nach der blinden Gerechtigkeit nenne. Hartington, Sie müssen sofort feststellen, wo Ihr Onkel diesen Krug gekauft hat.«

Jacks Gesicht verzog sich.

»Ich fürchte, das wird nicht möglich sein. Onkel George ist nicht in England. Ich weiß nicht einmal, wohin ich ihm schreiben könnte.«

»Wie lange wird er fortbleiben?«

»Mindestens drei bis vier Wochen.«

Es entstand eine Pause. Felise blickte nervös von einem Mann zum anderen.
»Gibt es denn nichts, was wir tun können?« fragte sie mutlos.
»Ja, es gibt etwas«, antwortete Lavington in einem Ton zurückhaltender Erregung. »Es ist vielleicht ungewöhnlich, aber ich glaube, es verspricht Erfolg. Hartington, Sie müssen diesen Krug besorgen. Bringen Sie ihn hierher, und falls Mademoiselle erlaubt, werden wir einen Abend im Heather-Landhaus verbringen und den blauen Krug mitnehmen.«
Jack fühlte, wie er eine Gänsehaut bekam.
»Was glauben Sie, was passieren wird?« fragte er unruhig.
»Ich habe nicht die geringste Ahnung, aber ich glaube ehrlich daran, daß das Geheimnis gelüftet und der Geist vertrieben wird. Höchstwahrscheinlich hat der Krug einen falschen Boden, und irgend etwas ist innen versteckt. Wenn kein Phänomen erscheint, müssen wir eben unseren eigenen Scharfsinn gebrauchen.«
Felise klatschte in die Hände.
»Das ist eine wunderbare Idee!« rief sie aus.
Ihre Augen leuchteten. Jack war nicht annähernd so begeistert, im Gegenteil, innerlich war er sehr beunruhigt, aber nichts hätte ihn bewegen können, diese Tatsache vor Felise zuzugeben. Der Doktor tat so, als wäre sein Vorschlag die natürlichste Sache der Welt.
»Wann können Sie den Krug holen?« fragte Felise.
»Morgen«, antwortete er widerwillig.
Es war ihm nicht angenehm, aber er mußte die Sache jetzt zu Ende bringen. Bis dahin nahm er sich vor, so wenig wie möglich an den wahnsinnigen Schrei zu denken.

Am folgenden Abend ging er in das Haus seines Onkels und nahm den betreffenden Krug mit. Als er ihn wiedersah, verstärkte sich seine Gewißheit, daß er mit dem auf dem Bild identisch war. Aber so sorgfältig er ihn auch untersuchte, er fand weder einen doppelten Boden noch sonst etwas Außergewöhnliches.

Es war elf Uhr, als er mit Lavington im Heather-Landhaus ankam. Felise hatte schon auf sie gewartet und öffnete leise die Tür, noch bevor sie angeklopft hatten.
»Kommen Sie herein«, flüsterte sie. »Mein Vater schläft oben. Wir dürfen ihn nicht aufwecken. Ich habe hier drinnen für Sie Kaffee vorbereitet.«
Sie führte die beiden in ein kleines, gemütlich eingerichtetes Wohnzimmer.
Als Jack den chinesischen Krug aus dem Papier wickelte, keuchte sie:
»Aber ja, das ist er! Ich würde ihn überall wiedererkennen!«
Inzwischen traf Lavington seine Vorbereitungen. Er entfernte alles von einem kleinen Tisch und stellte diesen in die Mitte des Zimmers. Rundherum verteilte er drei Stühle. Auf dem Tisch stand nur noch der blaue Krug.
»Jetzt«, sagte er, »sind wir fertig.«
Sie tranken noch ihren Kaffee, dann befahl der Arzt:
»Schalten Sie das Licht aus, und setzen Sie sich an den Tisch.«
Die anderen gehorchten. Wieder kam Lavingtons Stimme aus der Dunkelheit.
»Denken Sie an nichts – oder an alles. Zwingen Sie Ihre Gedanken nicht. Es ist möglich, daß einer von uns mediale Kräfte besitzt. Wenn das so ist, wird er in Trance fallen. Denken Sie immer daran, es gibt nichts zu befürchten. Bannen sie die Furcht aus Ihrem Herzen, und lassen Sie sich treiben . . . treiben . . .«
Seine Stimme erstarb. Von einer Minute zur anderen schien die Stille unerträglicher zu werden. Es war alles gut und schön, wenn Lavington sagte, sie sollten die Angst verscheuchen. Es war nicht Angst, was Jack

fühlte – es war Panik. Und er war fest überzeugt, daß Felise genauso empfand. Plötzlich hörte er ihre Stimme, leise und entsetzt.

»Irgend etwas Schreckliches wird geschehen, ich fühle es.«

»Verscheuchen Sie die Angst«, sagte Lavington. »Wehren Sie sich nicht gegen die Kräfte, die auf Sie zukommen.«

Die Dunkelheit schien greifbar zu werden, und die Stille hatte etwas Beklemmendes. Näher und näher kam dieses undefinierbare Gefühl der Bedrohung. Jack fühlte, wie es ihm den Atem nahm, dieses unheilvolle Etwas war sehr nahe . . .

Dann war alles vorbei. Jack trieb einen Strom hinunter, seine Lider schlossen sich, Friede . . . Dunkelheit. Als er langsam wieder zu sich kam, war sein Kopf schwer wie Blei.

Wo war er?

Sonnenschein . . . Vogelgezwitscher. Er lag da und starrte in den Himmel.

Dann fiel ihm plötzlich alles wieder ein. Die Sitzung, das kleine Zimmer, Felise und der Doktor. Was war geschehen?

Er setzte sich auf und sah sich um. Er befand sich in einem kleinen Gehölz, nicht weit von dem Landhaus. Niemand war in der Nähe. Er zog seine Uhr. Zu seinem Erstaunen zeigte sie halb ein Uhr an. Er sprang auf die Füße und rannte zu dem Landhaus hinüber. Sie mußten Angst bekommen haben. Vielleicht war er aus der Trance nicht aufgewacht, und sie hatten ihn in die frische Luft gebracht?

Er klopfte laut an die Tür des kleinen Hauses. Aber niemand antwortete, alles blieb still.

Sie müssen weggegangen sein, um Hilfe zu holen, dachte er. Oder sonst? Jack fühlte, wie eine unergründliche Furcht sich seiner bemächtigte. Was war letzte Nacht geschehen?

So schnell wie möglich eilte er zum Hotel zurück. Er wollte gerade ins Büro, als er einen kolossalen Stoß in die Rippen bekam, der ihn fast zu Boden warf. Verärgert drehte er sich um und sah sich einem weißhaarigen älteren Herrn gegenüber, der ihn fröhlich anschnaubte: »Hast mich nicht erwartet, mein Junge. Hast mich nicht erwartet, was?«

»Aber Onkel George! Ich dachte, du wärst meilenweit weg, irgendwo in Italien!«

»Nein, da war ich nicht. Landete gestern abend in Dover. Ich wollte mit dem Wagen in die Stadt, und auf dem Weg wollte ich dich besuchen. Und was muß ich finden? Die ganze Nacht aus gewesen, hm? Nette Sachen . . .«

»Onkel George«, sagte Jack, »ich muß dir die ungewöhnlichste Geschichte der Welt erzählen. Ich wage zu behaupten, daß du sie nicht glauben wirst.«

»Ich werde mich bemühen«, lachte der alte Herr. »Schieß los, mein Junge!«

»Aber ich muß etwas essen. Ich bin am Verhungern.«

Zusammen gingen sie zum Speiseraum, und während einer appetitlichen Mahlzeit erzählte er die ganze Geschichte.

»Und Gott weiß, was aus ihnen geworden ist«, beendete er sie.

Sein Onkel schien am Rande eines Schlaganfalls zu sein.

»Der Krug!« brachte er schließlich hervor. »Der blaue Krug!« Er brüllte: »Was ist aus dem Krug geworden?«

Jack starrte ihn entgeistert an. Während des Redestroms seines Onkels, der nun folgte, begann er zu begreifen.

»Schmelz, einzig – Edelstein meiner Sammlung – Wert mindestens zehntausend Pfund – Offerte von Hoggenheimer, dem amerikanischen Millionär – nur ein einziges Exemplar in der ganzen Welt – verdammt! Was hast du mit meinem blauen Krug gemacht?«

Jack stürzte aus dem Speisesaal. Er mußte Lavington finden. Die junge Dame im Büro blickte ihn kühl an.
»Dr. Lavington ist gestern nacht abgereist. Er hat eine Nachricht für Sie hinterlassen.«
Jack riß das Kuvert auf.

Mein lieber junger Freund!
Ist der Tag des Übernatürlichen vorbei? Nicht ganz, aber Sie sind auch in einer neuen wissenschaftlichen Sprache verkohlt worden. Die besten Grüße von Felise, dem kranken Vater und mir. Wir haben zwölf Stunden Vorsprung. Das sollte ausreichen.
Immer Ihr Ambrose Lavington, Doktor der Seele.

Aus dem Englischen

Edgar Wallace: Die Schatzgräber

In Verbrecherkreisen herrscht die festverwurzelte Überzeugung, daß auch der unbedeutendste Kriminalbeamte ein reicher Mann ist und daß er sich sein Vermögen durch Diebstahl, Bestechung und Erpressung verschafft hat. Das Hauptthema allen Klatsches in den Steinbrüchen, den Schneiderwerkstätten, den Wäschereien und Bäckereien von fünfzig Gefängnissen und drei Zuchthäusern ist, daß alle höheren Kriminalbeamten durch schändliche Mittel genügend irdische Schätze aufgehäuft haben, um ihren Liebhabereien zu leben, und daß ihr amtlicher Hungerlohn nur den kleinsten Teil ihres Einkommens darstellt.

Da Mr. J. G. Reeder seit mehr als zwanzig Jahren ausschließlich mit Bankräubern und Fälschern zu tun gehabt hatte, also mit den Aristokraten und Kapitalisten der Unterwelt, hatte das Gerücht ihm Landhäuser und enorme geheime Kapitalien angedichtet. Natürlich glaubte niemand, daß er sein Geld auf der Bank habe. Jeder wußte, daß Reeder viel zu gerissen war, um eine Entdeckung durch seine vorgesetzte Behörde zu riskieren. Nein, das Vermögen lag irgendwo versteckt – und es war der Lieblingstraum von Hunderten außerhalb des Gesetzes lebender Menschen, eines Tages diesen Schatz zu heben und damit herrlich und in Freuden zu leben. Der einzige befriedigende Gesichtspunkt bei dieser Sache war – und darin waren sich alle einig –, daß Reeder doch schon ein alter Mann war, er war immerhin über Fünfzig, und daß er sein Geld einmal nicht mitnehmen konnte: Denn Gold schmilzt bei einer bestimmten Temperatur, und mündelsichere Wertpapiere sind sehr selten auf Asbest gedruckt.

Der Erste Staatsanwalt speiste an einem Samstagmittag in Gesellschaft eines Richters von King's Bench in seinem Klub – Samstag ist einer der beiden Tage in der Woche, an denen ein Richter in Ruhe essen kann.
Im Laufe der Unterhaltung kam die Rede auf einen gewissen Mr. J. G. Reeder, den besten Spürhund des Staatsanwaltes.
»Er hat große Fähigkeiten«, gab dieser widerwillig zu, »aber ich kann seinen Hut nicht ausstehen. Es ist so eine Art Hut, wie ihn Mr. Soundso trägt«, der Staatsanwalt nannte den Namen eines bekannten Politikers, »und ich verabscheue seinen schwarzen Überzieher. Die Leute, die ihn ins Büro kommen sehen, denken, er ist ein Beamter des Leichenbeschauers. Reeder ist tüchtig, aber sein Backenbart ist scheußlich, und ich habe das Gefühl, daß er in Tränen ausbrechen würde, wenn ich ihn mal anfahren sollte – so zartbesaitet ist er. Beinahe zu empfindsam für meine Art von Arbeit. Er entschuldigt sich jedesmal beim Büroboten, wenn er nach ihm geläutet hat.«
Der Richter, der die Menschen und ihre Schwächen einigermaßen kannte, antwortete mit einem frostigen Lächeln.
»Nach Ihrer Beschreibung könnte ich ihn für einen möglichen Mörder halten«, sagte er zynisch.
Das war natürlich maßlos übertrieben, und er tat Mr. J. G. Reeder unrecht, denn Mr. Reeder wäre niemals imstande gewesen, das Gesetz zu brechen – ganz sicher nicht. Damals hatten übrigens viele Menschen eine absolut falsche Vorstellung von J. G. Reeders Harmlosigkeit. Einer von ihnen war ein gewisser Lew Kohl, der sich sowohl als Banknotenfälscher wie auch als gewöhnlicher Einbrecher betätigte.

»Bedrohte Menschen leben lange«, sagt ein abgedroschenes Sprichwort; das ist, wie fast alle Plattheiten, meistens wahr. In sehr vielen Gerichtsverhandlungen hatte J. G. Reeder während seiner Zeugenaussage den unheilvollen Blick des Angeklagten auf sich gefühlt, und er hatte mit freundlichem Interesse die verschiedenen Drohungen gehört, die ihm allerlei für die Zukunft versprachen. Reeder war ein großer Experte auf dem Gebiete der Banknotenfälschung, und er hatte schon vielen Verbrechern zu Zuchthausstrafen verholfen.
Mr. Reeder, dieser friedliche Mann, hatte Gefangene vor Wut schäumen gesehen, er hatte gesehen, wie sie leichenblaß wurden, wenn sie ihm ihre Verwünschungen nachschrien. Und dann hatte er dieselben Menschen nach ihrer Entlassung aus dem Gefängnis wieder getroffen, aber jetzt als liebenswürdige Seelen, halb beschämt und halb amüsiert über ihre fast vergessenen Drohungen.
Als aber eines Tages Lew Kohl zu zehn Jahren verurteilt wurde, stieß dieser keine Verwünschungen aus und erbot sich auch nicht, Herz, Lunge oder andere wichtige Organe aus dem schmächtigen Körper Mr. Reeders herauszureißen.
Lew grinste nur eiskalt, und seine Blicke begegneten denen Reeders für den Bruchteil einer Sekunde – die Augen des Fälschers waren fahlblau und nachdenklich, es lag weder Haß noch Wut in ihnen. Dafür aber verrieten sie ihm: »Bei der ersten Gelegenheit lege ich dich um!«
Mr. Reeder verstand die Botschaft und seufzte, denn er verabscheute jede Art von Aufregung, und er war außerordentlich verstimmt über die Ungerechtigkeit, daß man ihn für die Ausübung seiner amtlichen Pflicht haftbar machen wollte.

Inzwischen waren viele Jahre vergangen und hatten beträchtliche Veränderungen in Mr. Reeders Tätigkeit mit sich gebracht. Er war über seinen damaligen Aufgabenbereich, Banknotenfälscher zu entlarven, hinausgewachsen und in das Büro des Staatsanwalts berufen worden, aber niemals vergaß er Lews Grinsen.

Die Arbeit in Whitehall war nicht schwer und interessierte Reeder sehr. Zu ihm kamen fast alle anonymen Briefe, die täglich bei der Staatsanwaltschaft eingehen. In den meisten Fällen erledigten diese Schreiben sich von selbst, denn es gehörte keine große Intelligenz dazu, um hinter ihr Motiv zu kommen. Eifersucht, Bosheit, manchmal auch blanker Unfug oder schmutzige Gewinnsucht waren der Anlaß für die meisten dieser Briefe. Doch hin und wieder kamen auch solche wie dieser:

Sir James will seine Kusine heiraten, und es sind noch nicht drei Monate verflossen, seit seine Frau bei der Überfahrt nach Calais über Bord fiel. Bei der ganzen Sache stimmt etwas nicht. Seine Kusine Margaret kann ihn nicht leiden, weil sie weiß, daß er hinter ihrem Geld her ist. Warum wurde ich in dieser Nacht nach London geschickt? Außerdem fährt er nachts nicht gern Auto. Wie seltsam, daß er trotzdem in jener Nacht, als es in Strömen regnete, durchaus selbst seinen Wagen fahren wollte.

EIN FREUND

Die Justiz hat viele solcher Freunde.

Sir James war Sir James Tithermite, der während des Krieges Direktor irgendeines öffentlichen Amtes gewesen und für seine Verdienste geadelt worden war.

»Überprüfen Sie das mal«, sagte der Chef, nachdem er den Brief gelesen hatte. »Ich glaube mich zu erinnern, daß Lady Tithermite auf See ertrunken ist.«

»Am 19. Dezember des vorigen Jahres«, sagte Mr. Reeder feierlich. »Die Lady und Sir James wollten über Paris nach Monte Carlo reisen. Sir James, der seinen Wohnsitz in der Nähe von Maidstone hat, steuerte

selbst sein Auto nach Dover und stellte den Wagen in der Garage des Hotels ›Lord Wilson‹ unter. Die Nacht war ungewöhnlich stürmisch und die Überfahrt sehr beschwerlich. Das Schiff hatte schon mehr als die Hälfte der Strecke zurückgelegt, als Sir James zum Zahlmeister kam und seine Frau als vermißt meldete. Ihr Gepäck war in der Kabine, ebenfalls Reisepaß, Schmuckkassette und ihr Hut. Man durchsuchte das ganze Schiff, es war vergeblich – die Lady wurde nie wieder gesehen.«
Der Direktor nickte zustimmend.
»Ich sehe, Sie haben den Fall schon nachgelesen.«
»Das nicht, aber ich habe ihn genau im Gedächtnis«, entgegnete Mr. Reeder. »Dieser Fall gehört zu meinen Lieblingsproblemen. Unglücklicherweise wittere ich Verbrechen, und ich habe oft darüber nachgedacht, wie leicht es doch gewesen sein muß –, aber ich fürchte, daß ich das Leben von einem falschen Blickwinkel aus sehe. Es ist eine schreckliche Belastung, den Verstand eines Verbrechers zu besitzen!«
Sein Chef betrachtete ihn mißtrauisch. Er war niemals ganz sicher, ob Reeder im Ernst sprach, aber in diesem Fall schien darüber kein Zweifel zu bestehen.
»Dieser Brief ist natürlich von einem entlassenen Kraftfahrer geschrieben worden«, begann er.
»Thomas Dayford, 179 Barrack Street, Maidstone«, ergänzte Mr. Reeder. »Er ist zur Zeit bei der Kent Motor Bus Company angestellt, verheiratet, drei Kinder, von denen zwei Zwillinge und besonders nette kleine Kerlchen sind.«
Der Chef lachte auf.
»Ich sehe schon, daß Sie alles wissen. Versuchen Sie herauszubekommen, was hinter diesem Brief steckt. Aber gehen Sie mit größter Vorsicht an die Dinge heran, Reeder. Sir James ist ein großer Mann in Kent, er ist Friedensrichter und hat erheblichen politischen Einfluß! Im übrigen bin ich sowieso davon überzeugt, daß dieser anonyme Brief nur dummes Gefasel ist!«

Mr. Reeder hatte seine eigene Ansicht darüber, wie man »vorsichtig an Dinge herangeht«. Er fuhr am nächsten Morgen nach Maidstone, fand dort einen Autobus, der am Parkgitter von Elfreda Manor vorbeifuhr, und reiste auf diese Weise bequem und sparsam, den Regenschirm zwischen den Knien, bis er sein Ziel erreicht hatte. Dann ging er durch das Portal von Sir James' Besitz eine gewundene, lange Pappelallee hinauf, bis er in Sicht des grauen Herrensitzes kam.

Auf der Terrasse erblickte er ein junges Mädchen, das in einem tiefen Sessel lehnte und ein Buch auf den Knien hielt; offenbar hatte sie ihn bemerkt, denn sie erhob sich, als er über den Rasenplatz ging und kam eifrig auf ihn zu.

»Ich bin Miss Margaret Letherby – sind Sie von . . .?« Sie nannte den Namen einer bekannten Anwaltsfirma, und als Reeder bedauernd jede Verbindung zu diesen Leuchten der Rechtswissenschaft ablehnen mußte, flog ein Schatten der Enttäuschung über ihr Gesicht.

Sie war recht hübsch, hatte einen zarten Teint und ein rundes harmloses Gesicht. »Ich dachte – wollen Sie Sir James sprechen? Er ist in der Bibliothek. Wenn Sie läuten, wird eines der Mädchen Sie zu ihm führen.«

Mr. Reeder gehörte nicht zu jener Sorte von Menschen, die sich leicht über etwas wundern, und so sah er auch nichts Unbegreifliches darin, daß ein junges Mädchen mit eigenem Vermögen gegen ihren Willen einen so viel älteren Mann heiraten könnte. Diese Angelegenheit war ihm jetzt klar. Miss Margaret würde jeden willensstarken Mann geheiratet haben, wenn er nur energisch genug darauf bestanden hätte. »Sogar mich«, sagte Mr. Reeder zu sich selbst und lächelte ein wenig melancholisch.

Er brauchte nicht mehr zu läuten. In der Haustür stand ein großer, bulliger Mann im Golfanzug. Er hatte langes, helles Haar, das ihm in einer dicken glatten Strähne in die Stirn fiel. Ein lohfarbener Schnurrbart verbarg

seinen Mund und streifte mit den Spitzen das lange, eigensinnige Kinn.
»Was gibt's?« fragte er streitsüchtig.
»Ich komme vom Büro des Staatsanwaltes«, murmelte Mr. Reeder. »Ich habe einen anonymen Brief bekommen.« Er ließ den anderen nicht aus den Augen.
»Kommen Sie herein«, knurrte Sir James.
Bevor er ins Haus trat, warf er noch einen schnellen Blick auf das Mädchen und auf die Pappelallee.
»Ich warte auf so einen Narren von Rechtsanwalt«, sagte er und riß die Tür zur Bibliothek auf.
Seine Stimme klang ganz ruhig, und nicht das kleinste Wimpernzucken deutete auf irgendwelches Unbehagen, als Mr. Reeder ihm den Grund seines Besuches erklärte.
»Na und – was soll dieser anonyme Brief bedeuten? Sie nehmen doch keine Notiz von solchem Unsinn, nicht wahr?«
Mr. Reeder deponierte erst sorgfältig seinen Schirm und seinen steifen Hut auf einem Sessel, bevor er ein Schriftstück aus seiner Tasche zog und es Sir James überreichte. Der las es mit gerunzelter Stirn. Spiegelte Mr. Reeder seine lebhafte Fantasie etwas vor, oder wurde der wachsame Blick von Sir James beim Lesen tatsächlich ruhiger? »Dies ist eine Räubergeschichte von jemand, der gesehen hat, daß die Juwelen meiner Frau in Paris zum Verkauf standen«, sagte er. »Das hat gar nichts zu bedeuten. Ich kann über jedes einzelne Schmuckstück meiner armen Frau Rechenschaft ablegen, ich hatte nach jener furchtbaren Nacht ihren Schmuckkasten mit zurückgebracht. Wer ist denn der verlogene Schurke, der das geschrieben hat? Ich kenne die Handschrift nicht.«
Mr. Reeder war niemals vorher als ein »verlogener Schurke« bezeichnet worden, aber er nahm diese neue Erfahrung mit bewundernswerter Sanftmut hin.
»Ich dachte mir, daß es nicht wahr ist«, meinte er kopfschüttelnd. »Ich habe die Einzelheiten dieses Falles sehr

genau überprüft. Sie sind hier am Nachmittag abgefahren . . .«

»Am Abend«, unterbrach ihn der andere brüsk. Er war nicht geneigt, die Sache zu erörtern, aber Mr. Reeders flehender Blick war unwiderstehlich. »Es sind nur achtzig Minuten Fahrt bis Dover. Wir waren um elf Uhr am Pier, fast gleichzeitig mit dem Schiff, und wir gingen sofort an Bord. Ich bekam vom Zahlmeister meinen Kabinenschlüssel und brachte meine Frau und ihr Handgepäck hinein.«

»War die gnädige Frau seefest?«

»Absolut. Es ging ihr ausgezeichnet in jener Nacht. Sie legte sich schlafen, und ich machte noch einen kleinen Spaziergang an Deck . . .«

»Es goß in Strömen, und es herrschte hoher Seegang.« Reeder nickte wie in Übereinstimmung mit dem, was der andere gesagt hatte.

»Ja . . ., sie war seefest. Jedenfalls ist diese Geschichte über die Juwelen meiner armen Frau blanker Unsinn. Sie können das Ihrem Chef sagen, mit meinen besten Empfehlungen.«

Er öffnete die Tür für seinen Besucher, aber Mr. Reeder war noch damit beschäftigt, das Schreiben wegzustecken und seine Sachen zusammenzukramen.

»Sie haben hier einen sehr schönen Besitz, Sir James – ganz herrlich. Ist er sehr groß?«

»Dreitausend Morgen.« Jetzt gab Tithermite sich keine Mühe mehr, seine Ungeduld zu verbergen. »Guten Tag.«

Mr. Reeder ging langsam die Auffahrt hinunter, sein bemerkenswertes Gedächtnis arbeitete.

Er verpaßte den Autobus, den er leicht hätte erreichen können, und schlenderte scheinbar ziellos auf dem Pfad, der an der Grenze des Besitztums entlanglief. Nach etwa einer Viertelmeile kam er auf einen Seitenweg, der im rechten Winkel abbog und vermutlich die südliche Begrenzung des Grundstücks bildete. An der

Ecke stand hinter einem Eisengatter ein altes Pförtnerhaus. Es war in einem bedauernswerten Zustand von Vernachlässigung und Verfall. An vielen Stellen waren die Ziegel vom Dach herabgefallen, die Fenster waren undurchsichtig vor Schmutz oder zerbrochen, und der kleine Garten war von Unkraut und Disteln überwuchert. Jenseits des Gatters führte ein schmaler, verwachsener Pfad zu einer entfernteren Siedlung.
Durch das Geräusch eines klappernden Schutzblechs aufmerksam gemacht, drehte Reeder sich um und sah einen Postboten sein Rad besteigen.
»Wie heißt das hier?« fragte er ihn.
»Das ist South Lodge, Sir James Tithermites Besitz. Das Pförtnerhaus wird schon lange nicht mehr bewohnt, es steht seit Jahren leer; ich weiß auch nicht, warum. Hier entlang schneidet man ein ziemliches Stück Weg bis zum Ort ab.«
Mr. Reeder wanderte mit ihm bis zum Dorf und holte geschickt aus dieser keineswegs spärlich fließenden Nachrichtenquelle alles Wissenswerte heraus.
»Ja, die arme Dame! Sie war sehr zart, aber sie gehörte zu jener Sorte von kränkelnden Frauen, die manchen gesunden Mann überleben!«
Mr. Reeder stellte aufs Geratewohl eine Frage und hatte höchst unerwartet damit ins Schwarze getroffen.
»Ja, der gnädigen Frau wurde immer schlecht auf Seereisen. Ich weiß das daher, weil ich ihr jedesmal, bevor sie verreiste, eine Flasche von dem Zeug brachte, das manche Leute gegen die Seekrankheit einnehmen. Ich habe eine Menge solcher Flaschen an die Lady geliefert, bis schließlich der Drogist Raikes das Mittel selbst auf Lager hielt. Warten Sie, wie hieß es doch gleich – ach ja, ›Pickers Reisefreund‹. Erst vor ein paar Tagen hat mir Mr. Raikes erzählt, daß er noch ein halbes Dutzend von den Flaschen herumstehen hat, und nicht weiß, was er damit anfangen soll. Kein Mensch hier macht jemals eine Seereise.«

Mr. Reeder spazierte durch das Dorf und vertrödelte seine kostbare Zeit an den unmöglichsten Stellen, beim Drogisten, beim Eisenwarenhändler, beim Maurermeister. Er bekam noch gerade den letzten Autobus zurück nach Maidstone und erreichte mit viel Glück den letzten Zug nach London.

Am nächsten Tag beantwortete er in seiner vagen Art die Fragen seines Vorgesetzten nur mit den Worten:
»Ja, ich habe mit Sir James gesprochen: ein sehr interessanter Mann.«
Das war an einem Freitag. Der Samstag war gänzlich mit Arbeit ausgefüllt, aber am Sonntag ereignete sich etwas Interessantes.
An diesem schönen Sonntagmorgen stand Mr. Reeder im geblümten Hausrock und mit schwarzen Samtslippern an den Füßen am Fenster seines Hauses in Brockley Road und blickte auf die menschenleere Straße. Die Glocke der Gemeindekirche hatte schon zum Frühgottesdienst geläutet, und kein lebendes Wesen war zu sehen mit Ausnahme einer schwarzen Katze, die auf einem sonnigen Plätzchen auf der obersten Treppenstufe des gegenüberliegenden Hauses lag. Es war halb acht Uhr, und Mr. Reeder hatte schon seit sechs an seinem Schreibtisch gesessen und bei Lampenlicht gearbeitet, denn es war Ende Oktober. Vom Halbrund seines Erkerfensters aus konnte er einen Teil der Lewisham High Road überblicken und hatte Tanners Hill bis zur Eisenbahnbrücke vor sich.
Er ging an seinen Tisch zurück, öffnete eine Packung billigster Zigaretten, steckte sich eine an und paffte ungeschickt. Reeder rauchte wie eine Dame, die das zwar verabscheut, aber glaubt, daß es zum guten Ton gehört.
»Ach du Himmel!« flüsterte Mr. Reeder plötzlich.
Er war wieder ans Fenster zurückgegangen und sah einen Mann aus der Lewisham High Road kommen, die Straße überqueren und schnurstracks auf »Villa Narzis-

se« zusteuern – dieser heitere Name zierte den Türpfosten von Mr. Reeders Wohnsitz. Dieser hochgewachsene, kräftige Mann mit düsterem gebräunten Gesicht kam jetzt durch die Gartentür.
»Ach du Himmel!« sagte Mr. Reeder noch einmal, als er die Türklingel hörte.
Kurz danach erschien seine Haushälterin.
»Wollen Sie einen Mr. Kohl empfangen, Sir?«
Mr. J. G. Reeder nickte.
Lew Kohl kam ins Zimmer und sah einen Mann in mittleren Jahren vor sich, der mit einem extravaganten Hausrock bekleidet, einen Kneifer auf der Nase, hinter seinem Schreibtisch saß.
»Guten Morgen, Kohl.«
Lew Kohl schaute den Mann an, der ihm zu zehn Jahren Hölle verholfen hatte, und ein tückisches Grinsen verzog seinen Mund.
»Morgen, Mr. Reeder.« Seine Augen streiften die fast leere Schreibtischplatte, auf der Reeders gefaltete Hände ruhten. »Sie haben wohl nicht erwartet, mich zu sehen?«
»Nicht so früh am Morgen«, antwortete Reeder bedächtig, »aber ich hätte daran denken sollen, daß das Frühaufstehen eine der guten Gewohnheiten ist, die einem im Gefängnis beigebracht werden.« Das klang so, als ob er ihm ein Lob für gute Führung aussprechen wollte.
»Ich vermute, Sie können sich vorstellen, warum ich zu Ihnen gekommen bin, wie? Ich vergesse nicht so leicht etwas, Reeder, und ein Mensch in Dartmoor hat genug Zeit zum Grübeln.«
Der ältere Mann zog seine hellen Augenbrauen hoch, und der Stahlkneifer rutschte etwas tiefer.
»Das muß ich schon mal gehört haben.« Er runzelte die Stirn. »Lassen Sie mich überlegen – ach ja, in einem Volksstück natürlich, aber war es in ›Gefesselte Seelen‹ oder im ›Heiratsversprechen‹?«

Er schien wahrhaftig eine Antwort auf diese Frage zu erwarten.
»Das wird hier eine ganz andere Art von Schauspiel geben«, zischte Lew durch die Zähne. »Ich kriege Sie schon noch, Reeder – Sie können das ruhig Ihrem Boß, dem Staatsanwalt, erzählen. Aber ich mache es auf die sanfte Tour, so daß mir kein Mensch etwas nachweisen kann. Und dann gehören alle Ihre Kröten mir, Reeder!«
Selbst ein so intelligenter Mensch wie Kohl glaubte also an das Märchen von Reeders Vermögen.
Reeder lächelte.
»Ich würde sie ganz gern selbst behalten, die lieben kleinen Kröten!«
»Sie wissen, was ich meine, denken Sie nur darüber nach. Eines Tages werde ich Sie kaltmachen, und ganz Scotland Yard wird mich dafür nicht schnappen können. Ich habe mir alles genau überlegt . . .«
»Denn man hat in Dartmoor genug Zeit zum Nachdenken«, murmelte Mr. J. G. Reeder aufmunternd. »Wenn Sie so weitermachen, Kohl, werden Sie einer der größten Denker der Welt. Kennen Sie Rodins Meisterwerk – eine wundervolle Skulptur, voller Leben und –«
»Das ist alles.« Lew Kohl stand auf, er grinste noch immer. »Vielleicht werden Sie in ein paar Tagen nicht mehr so heiter sein!«
Reeders Gesicht drückte fast ergreifende Schwermut aus. Sein unordentliches, sandgraues Haar sträubte sich, und die großen Ohren schienen vor Unruhe zu zucken.
Lew Kohls Hand lag auf der Türklinke.
»Wumm!«
Ein dumpfer Knall – etwas zischte an Kohl vorbei, vor seinen Augen erschien ein tiefes Loch in der Wand, und Holz- und Steinsplitter sprühten in sein Gesicht. Mit einem Wutschrei flog er herum.
Mr. Reeder hielt einen schweren Browning mit aufgesetztem Schalldämpfer in seiner Hand und starrte mit offenem Mund auf die Waffe.

»Wie in aller Welt konnte denn das passieren?« fragte er verwundert.
Lew Kohl war unter seiner Bräune grau geworden und zitterte vor Wut und Furcht.
»Sie – Sie Schwein!« keuchte er. »Sie wollten mich abknallen!«
Mr. Reeder starrte ihn über seinen Kneifer hinweg an. »Du meine Güte! Wie kommen Sie denn darauf? Denken Sie noch immer daran, mich um die Ecke zu bringen, Kohl?«
Kohl rang vergeblich nach Worten, dann riß er die Tür auf, stolperte die Treppe hinunter und war im Begriff, das Haus zu verlassen, als etwas an ihm vorbeisauste und zu seinen Füßen krachend zersplitterte. Es war eine große Steinvase, die das Fensterbrett von Mr. Reeders Schlafzimmer geziert hatte. Er trat über die Scherben hinweg und stierte nach oben in das überraschte Gesicht von Mr. J. G. Reeder.
»Ich – ich krieg Sie noch!« stammelte er.
»Hoffentlich sind Sie nicht verletzt?« erkundigte sich der Mann am Fenster besorgt. »Das kann passieren. Eines Tages . . .«
Als Lew Kohl die Straße hinunterlief, sprach Mr. Reeder noch immer.

Mr. Stan Bride war noch bei seiner Morgenwäsche, als sein Freund und ehemaliger Gefängniskollege in das kleine Zimmer stürzte, das zum Fitzroy Square hinausging. Stan Bride, ein kleiner, stämmiger Mann mit rundem rotem Gesicht und Doppelkinn, unterbrach seine Tätigkeit und blickte über das Handtuch hinweg auf seinen Besucher.
»Was ist los mit dir?« fragte er scharf. »Du siehst aus, als ob die Polypen hinter dir her sind. Warum bist du schon so früh auf den Beinen?«
Lew erzählte ihm sein Erlebnis, und das joviale Gesicht Brides wurde länger und länger.

»Du armer Idiot!« brach er los. »Mit solchem Blödsinn zu Reeder zu gehen. Bildest du dir vielleicht ein, daß er nicht auf dich gewartet hat? Der wußte doch ganz genau, wann du aus dem Kittchen entlassen worden bist.«

»Auf jeden Fall habe ich ihm Angst gemacht«, entgegnete der andere.

Aber Stan Bride lachte höhnisch.

»Allmächtiger, glaubst du etwa, daß sich der alte Fuchs von dir ins Bockshorn jagen läßt? Wenn der so käsig aussehen würde wie du jetzt, dann könntest du sagen, daß du ihm Angst eingejagt hast. Aber so sieht der nicht aus. Und natürlich hat er absichtlich an deiner Nase vorbeigeschossen, denn wenn er dich hätte treffen wollen, wärst du jetzt eine Leiche. Aber er wollte eben nicht ... Er soll an dich denken – haha – dir hat er jetzt was zum Nachdenken gegeben!«

»Ich möchte bloß wissen, wo er so schnell das Schießeisen hergenommen hat ...«

Da klopfte es an die Tür, und die beiden Männer sahen sich beunruhigt an.

»Wer ist da?« fragte Bride, und eine bekannte Stimme antwortete.

»Es ist der Blaue von Scotland Yard«, flüsterte Bride und öffnete die Tür.

Der »Blaue« war Sergeant Allford, ein gemütlicher, stattlicher Mann und ein vielversprechender Kriminalbeamter.

»Morgen, Jungens – nanu, nicht in der Kirche, Stan?«

Stan grinste höflich.

»Wie geht's Geschäft, Lew?«

»Nicht schlecht.« Der Fälscher war auf der Hut und blickte den Sergeant mißtrauisch an.

»Möchte Sie mal wegen eines Schießeisens sprechen – ich hab so eine Ahnung, daß Sie eins dabeihaben, Lew ... Ein Colt Automatic R. 7/94318. Revolver sind hier unerwünscht, Lew.«

»Ich habe keinen Revolver«, sagte Lew verdrossen.
Bride sah plötzlich wie ein alter Mann aus, denn er stand noch unter Polizeiaufsicht, und das Auffinden einer Schußwaffe würde ihn wieder ins Gefängnis zurückbringen.
»Wollen Sie mit mir einen kleinen Spaziergang zum Polizeirevier machen oder soll ich Sie hier durchsuchen?«
»Durchsuchen Sie mich doch«, forderte Lew den Sergeant auf und hielt die Arme hoch. Sergeant Allford tastete ihn ab, dann erklärte er: »Ich will mich mal ein bißchen umsehen«, und das tat er außerordentlich genau.
»Muß wohl ein Mißverständnis gewesen sein«, erklärte er. Aber dann plötzlich: »Was haben Sie vorhin in den Fluß geworfen, als Sie am Embankment entlanggingen?«
Lew fuhr zusammen. Dies war der erste Hinweis darauf, daß man ihn an diesem Morgen beschattet hatte.
Bride wartete so lange am Fenster, bis er gesehen hatte, daß der Kriminalbeamte den Fitzroy Square überquert hatte, dann fuhr er wütend auf seinen Kumpan los.
»Und du bildest dir was auf deine Schlauheit ein! Der alte Spürhund wußte genau, daß du ein Schießeisen hast, der wußte ja sogar die Nummer. Und wenn Allford das gefunden hätte, wärst du wieder drin im Knast – und ich auch!«
»Ich hab's in den Fluß geschmissen«, knurrte Lew bockig.
»Verstand – nicht für einen Penny!« erregte sich Bride und atmete heftig. »Laß ja Reeder aus dem Spiel – der ist gefährlicher als tausend Teufel, und wenn du das nicht kapierst, rennst du in dein Unglück. Dem Angst einjagen? Du bist ja blödsinnig! Der würde dir die Kehle durchschneiden und ein Gedicht darüber schreiben.«
Kohl brummte: »Ich konnte doch nicht ahnen, daß man mich beschattet. Aber ich werde ihn schon noch kriegen. Und sein Geld dazu!«
»Dann mach das gefälligst von woanders, aber nicht

von hier aus«, versetzte Bride kurz. »Ein Hochstapler macht mir nichts aus, ein Mörder auch nicht, aber ein Dummkopf, der Blödsinn redet, macht mich krank. Nimm sein Geld, wenn du kannst – ich möchte wetten, es ist in Grundstücken angelegt, und Häuser kannst du doch nicht klauen –, aber quatsch nicht davon. Ich kann dich ganz gut leiden, Lew, aber nur bis zu einem gewissen Punkt – jetzt bist du schon drüber hinaus! Reeder kann ich nicht leiden ... ich kann auch Schlangen nicht ausstehen, darum halte ich mich eben vom Zoo fern.«

So mußte Lew Kohl sich eine andere Bude suchen und fand sie in der Dean Street, im obersten Stock eines Hauses, das einem Italiener gehörte. Hier hatte er Zeit genug, über seinen Kummer nachzudenken und Rachepläne zu schmieden. Und neue Pläne waren auch nötig, denn alles, was ihm in seiner ruhigen Zelle in Dartmoor als so leicht durchführbar erschienen war, erwies sich jetzt als ganz unmöglich. Von seinem Mordplan hatte Lew Abstand genommen. Er war durch die Behandlung eines sehr geschickten Psychologen gegangen – obwohl er Mr. Reeder niemals in diesem Sinn betrachtet hatte und überdies nicht einmal die leiseste Ahnung hatte, was dieses Wort bedeutete. Doch es gab ja noch andere Mittel, dem Verhaßten eins auszuwischen; und Lews Gedanken kreisten unaufhörlich um Reeders verborgenen Schatz, den er um jeden Preis finden und rauben wollte.

Es war fast eine Woche danach, als Mr. Reeder sich selbst in das geheiligte Privatbüro seines Chefs einlud; und dieser hohe Beamte lauschte gebannt auf die beinahe unglaubliche Theorie, die sich sein Untergebener über Sir James Tithermite und den Tod der Lady gebildet hatte. Als Mr. Reeder fertig war, lehnte sich der Staatsanwalt in seinem Sessel zurück.

»Mein lieber Mann«, sagte er etwas gereizt, »ich kann

unmöglich auf Ihre bloßen Vermutungen hin einen Haftbefehl ausstellen – nicht einmal einen Haussuchungsbefehl. Die Geschichte ist so fantastisch, so unglaubhaft, daß sie eher in ein Groschenheft als in den Bericht eines Staatsanwaltes gehört.«

»Es war eine stürmische Nacht, und trotzdem war Lady Tithermite nicht seekrank«, wiederholte Mr. Reeder mit sanfter Überredung. »Dies ist eine Tatsache, an die man sich halten kann, Sir.«

Der Staatsanwalt schüttelte den Kopf.

»Ich kann das nicht machen – nicht auf diese Gründe hin; das würde einen fürchterlichen Wirbel verursachen! Können Sie nicht allein etwas unternehmen – inoffiziell?«

Mr. Reeder winkte ab.

»Meine Anwesenheit ist in der Nachbarschaft schon beobachtet worden«, sagte er bedächtig. »Ich halte es für unmöglich, meine – hm – Spuren zu verbergen. Ich habe aber den Platz gefunden, und ich könnte ihn auf den Zentimeter genau –«

Aber der Staatsanwalt hob abwehrend die Hand.

»Nein«, sagte er ruhig, »die ganze Sache ist eine reine Schlußfolgerung Ihrerseits. O ja, ich weiß, Sie haben einen Instinkt für das Verbrechen, das haben Sie mir schon öfter erzählt – Ihren sogenannten sechsten Sinn! Aber gerade das ist ein guter Grund für mich, keinen Haftbefehl auszustellen. Sie unterstellen diesem Menschen da etwas ... Also, Reeder, nichts zu machen!«

Mr. Reeder seufzte und ging in sein Büro zurück, war aber nicht sehr niedergeschlagen, denn es hatte sich da ein neuer Umstand bei seinen Nachforschungen ergeben.

Mr. Reeder war im Laufe der Woche des öfteren in Maidstone gewesen, und er war nicht allein dorthin gefahren. Obwohl er so tat, als wüßte er nicht, daß er beschattet wurde, hatte er sehr wohl bei verschiedenen Gelegenheiten Lew Kohl bemerkt; und er hatte einige

unbehagliche Minuten mit der Frage verbracht, ob sein Experiment wohl fehlgeschlagen sei.
Die Idee war ihm gekommen, als er Lew Kohl zum zweitenmal hinter sich herschleichen sah. Und wäre Mr. Reeder ein Mann gewesen, der seine Gemütsbewegungen offen zeigte, so hätte er an jenem Abend sicher vor Vergnügen gegluckst, als er am Bahnhof Maidstone ein Taxi heranwinkte und sah, daß Lew Kohl ein anderes bestieg.

Mr. Bride war emsig beschäftigt mit einem langweiligen, aber sehr notwendigen Training, nämlich ein Spiel Karten so abzuheben, daß das Pik-As ständig unten blieb, als sein früherer Zimmergenosse plötzlich hereinstürzte. In Lews kalten Augen lag ein so triumphierendes Leuchten, daß Brides Herz bis in die Schuhe rutschte.
»Jetzt habe ich ihn!« rief Lew.
Bride legte die Karten hin und stand auf.
»Wen hast du?« fragte er kalt. »Und wenn das Mord bedeuten soll, brauchst du gar nicht erst zu antworten. Dann mach, daß du rauskommst!«
»Keine Rede von Mord.«
Lew setzte sich behaglich auf den Tisch, die Hände in den Hosentaschen, und ein wirkliches Lächeln auf seinem Gesicht.
»Ich bin Reeder eine Woche lang auf den Fersen geblieben, und das bedeutet bei diesem Menschen schon einiges.«
»Na und?« fragte der andere, als Lew eine dramatische Pause machte.
»Ich habe seine Kröten gefunden!«
Bride kratzte sein Kinn und war nur halb überzeugt.
»Aber du hast sie noch nicht?«
»Ich weiß aber, wo er sie versteckt hat. Hör zu. In der letzten Zeit ist er oft in Maidstone gewesen und von dort in ein kleines Dorf, etwa fünf Meilen entfernt, gefahren. Da habe ich immer seine Spur verloren. Aber

gestern abend, als er zum Bahnhof zurückkam, um den letzten Zug nach London zu erwischen, ging er in den Wartesaal, und ich konnte mich an einer Stelle verstecken, von wo aus ich ihn beobachten konnte. Was glaubst du wohl, was er gemacht hat?«

Mr. Bride äußerte sich nicht.

»Er machte seine Reisetasche auf«, sagte Lew nachdrücklich, »und nahm einen Pack Banknoten heraus, so dick!« Er zeigte es mit Daumen und Zeigefinger. »Er hat das Geld aus seinem Versteck geholt! Ich bin ihm bis nach London gefolgt. Reeder ist da ins Bahnhofsrestaurant gegangen und hat eine Tasse Kaffee bestellt. Ich immer hinterher, aber so, daß er mich nicht sehen konnte. Als er aus der Wirtschaft kam, zog er sein Taschentuch heraus und wischte sich den Mund. Er hat nicht gesehen, daß ihm dabei ein kleines Buch aus der Tasche fiel, aber ich! Ich war krank vor Angst, daß irgend jemand anders es aufheben würde oder daß er selbst es bemerkte. Aber er ging aus dem Bahnhof heraus, und ich hatte das Buch, ehe du ›Piep‹ hättest sagen können. Schau mal – hier!«

Es war ein abgenutztes kleines Notizbuch, in verblaßtes rotes Leder gebunden. Bride streckte seine Hand aus, um es zu nehmen.

»Einen Augenblick«, sagte Lew. »Machst du das Geschäft auf Halbpart mit? Ich brauche nämlich Hilfe dabei.«

Bride zögerte.

»Wenn es sich nur um Diebstahl handelt, mache ich mit«, antwortete er.

»Einfacher Diebstahl – und ganz leicht«, rief Lew überschwenglich aus und warf das Buch quer über den Tisch.

Fast bis zum Morgengrauen saßen die beiden zusammen und unterhielten sich mit leiser Stimme über die genaue Buchführung Mr. J. G. Reeders und seine außerordentliche Unehrlichkeit.

Die Nacht zum Montag war regnerisch. Ein Sturm blies von Südwesten, und trockene Blätter wirbelten durch die Luft, als Lew und sein Kumpan sich auf den Fünfmeilenmarsch zu jenem Dorf machten. Keiner von beiden war durch sichtbares Gepäck behindert, aber unter seinem Regenmantel trug Lew eine Werkzeugtasche, deren Inhalt einzigartigen Scharfsinn verriet, und Brides Manteltaschen waren heruntergezogen durch das Gewicht einer zusammenlegbaren schweren Brechstange.

Sie trafen niemand auf ihrem Weg, und die Kirchturmuhr schlug gerade elf, als Lew die Eisenstäbe des Tores von South Lodge ergriff, sich daran hochzog und auf der anderen Seite leichtfüßig herabsprang. Mr. Bride, der trotz seines Umfangs ein außergewöhnlich behender Mann war, folgte ihm auf dem Fuße. Das verfallene Pförtnerhaus tauchte aus der Dunkelheit auf, und sie standen vor der Haustür. Lew ließ einen Augenblick den Schein seiner Taschenlampe auf dem Schlüsselloch spielen, bevor er mit den verschiedenen Instrumenten aus seiner Werkzeugtasche zu arbeiten begann.

Die Tür war in zehn Minuten geöffnet, und wenige Sekunden später standen sie in einem niedrigen kleinen Raum, dessen Hauptbestandteil ein riesiger tiefer Kamin war. Lew hängte seinen Regenmantel vor das Fenster, bevor er die Taschenlampe anknipste. Dann kniete er nieder, wischte Asche und Schlacken beiseite und prüfte sehr sorgfältig die Fugen des großen Herdsteines.

»Hier ist ausgebessert worden«, sagte er. »Das ist sofort zu erkennen.«

Er schob die Spitze des Brecheisens in eine Spalte, wuchtete die Stange, und der Stein bewegte sich ein wenig. Mit Hammer und Meißel vergrößerte Lew die Öffnung und trieb das Brecheisen noch tiefer hinein. Die große Platte hob sich ein wenig, und Bride schob den Meißel darunter.

»Jetzt zusammen!« grunzte Lew.

Sie schoben ihre Finger unter den Herdstein und hoben ihn mit vereinten Kräften hoch. Lew ergriff die Lampe, kniete nieder, leuchtete in die dunkle Höhlung hinein und dann –:
»Oh, mein Gott!« kreischte er.
Im nächsten Augenblick stürzten zwei vor Schreck fast wahnsinnige Männer zur Tür hinaus. Und ein Wunder war geschehen, denn das Gattertor war offen, und eine dunkle Gestalt stand vor ihnen auf dem Weg.
»Hände hoch, Kohl!« sagte eine Stimme, und so sehr Lew ihn auch haßte, in diesem Augenblick hätte er Mr. Reeder um den Hals fallen können.

Um Mitternacht des gleichen Tages besprach Sir James Tithermite mit seiner zukünftigen Frau verschiedene geschäftliche Angelegenheiten: die Dummheit ihres Anwalts, der Margarets Vermögen bewahren wollte, und seine eigene Schlauheit und Voraussicht, mit der er dem jungen Mädchen, das seine Frau werden sollte, absolut freie Verfügungsgewalt über ihr Geld gesichert hatte.
»Diese Lumpen denken doch an nichts anderes als an ihr Honorar«, erklärte er, als sein Diener ohne anzuklopfen ins Zimmer trat. Ihm auf dem Fuße folgten der Polizeichef des Distrikts und ein Mann, den er früher schon einmal gesehen hatte.
»Sir James Tithermite?« fragte der Polizeigewaltige ganz unnötigerweise, denn er kannte Sir James sehr genau.
»Ja, natürlich Oberst, was gibt's denn?« fragte Sir James, und in seinem Gesicht zuckte es nervös.
»Ich verhafte Sie unter der Anklage des vorsätzlichen Mordes an Ihrer Ehefrau, Lady Eleanor Mary Tithermite.«

»Die ganze Angelegenheit drehte sich um die Frage, ob Lady Tithermite seefest war oder nicht«, erklärte J. G. Reeder seinem Chef. »War sie nicht seefest, war es undenkbar, daß sie auch nur fünf Minuten auf dem Schiff gewesen ist, ohne die Dienste der Stewardeß in Anspruch zu nehmen. Die Stewardeß hat aber Lady Tithermite ebensowenig gesehen wie sonst jemand an Bord, und zwar aus dem einfachen Grund, weil sie nicht auf dem Schiff gewesen ist! Sie war im Park des Schlosses ermordet worden; Sir James verbarg ihre Leiche unter dem Herdstein des verlassenen Pförtnerhauses und setzte dann seine Fahrt nach Dover fort. Dort gab er sein Gepäck einem Dienstmann, der die Koffer vor seiner Kabine abstellen sollte, während er selbst das Auto in die Garage fuhr. Tithermite hatte seine Ankunft so genau berechnet, daß er mit der Masse der Passagiere an Bord ging und niemand darauf achtete, ob er allein oder in Begleitung war. Der Zahlmeister gab ihm den Schlüssel, und er legte das Handgepäck mitsamt dem Hut seiner Frau in die Kabine, bezahlte den Dienstmann und schickte ihn fort. Offiziell war Lady Tithermite an Bord, denn er hatte ihre Schiffskarte mit abgegeben und ihre Landungskarte erhalten. Und dann stellte er fest, daß sie verschwunden war. Das Schiff wurde von einem Ende bis zum anderen durchsucht, aber natürlich wurde die unglückselige Frau nicht aufgefunden. Wie ich schon früher bemerkt habe . . .«

»Ich weiß schon, Ihr sechster Sinn«, sagte der Staatsanwalt gutgelaunt. »Nur weiter, Reeder.«

»Da ich nun einmal diesen sonderbaren und unangenehmen Charakterzug habe, erkannte ich sofort, wie einfach es war, den Anschein zu erwecken, daß die Dame an Bord sei. Ich schloß daraus, daß – falls wirklich ein Mord begangen worden war – dieser nur wenige Meilen vom Haus entfernt durchgeführt sein konnte. Und dann erzählte mir der Maurermeister dort, daß er Sir James eine kleine Unterrichtsstunde in der Kunst des Mörtelmischens erteilt hat. Und der Dorfschmied berichtete mir, daß das Eisengatter am Pförtnerhaus beschädigt worden war, vermutlich durch Sir James' Auto – ich hatte

schon die angeknackten Eisenstangen gesehen und wollte nur erfahren, wann die Reparatur gemacht worden war. Ich war ganz sicher, daß die Leiche unter dem Kamin im Pförtnerhaus versteckt lag. Ohne einen Haussuchungsbefehl war die Richtigkeit meiner Theorie aber nicht zu beweisen, und ich selbst hätte eine private Durchsuchung nicht vornehmen können, ohne das Ansehen unserer Abteilung aufs Spiel zu setzen – wenn ich sagen darf ›unserer‹«, meinte er bescheiden.
Der Staatsanwalt blickte ihn nachdenklich an.
»Sie haben also diesen Lew Kohl dazu gebracht, den Kamin aufzubrechen, indem Sie vortäuschten, dort Geld vergraben zu haben. Ich vermute, Sie haben das in Ihrem Notizbuch vermerkt. Aber was, um alles in der Welt, hat ihn zu der Vorstellung gebracht, daß Sie irgendwo einen Schatz versteckt hatten?«
Mr. Reeder lächelte betrübt.
»Die Gedanken eines verbrecherischen Hirnes sind höchst eigenartig«, sagte er mit einem Seufzer, »sie gehen seltsame Wege. Illusionen und Feenmärchen gelten ihnen als Realität. Glücklicherweise kann ich das nachempfinden. Wie ich schon wiederholt gesagt habe . . .«

Aus dem Englischen von Mercedes Hilgenfeld

G.K. Chesterton: Das Hundeorakel

»Ja«, sagte Pater Brown, »ich habe Hunde sehr gern – aber nur außerhalb des Gotteshauses.«
Gewandte Sprecher sind nicht immer gewandte Zuhörer. Gerade die geistreichen Leute erweisen sich bisweilen als begriffsstutzig. Pater Browns Freund und Besucher war ein junger Mann namens Fiennes, ein Enthusiast mit temperamentvollen blauen Augen; sein blondes Haar machte den Eindruck, als sei es nicht mit der Haarbürste, sondern vom Gegenwind des Lebens, das er durchraste, zurückgestrichen. Er unterbrach seinen Redestrom von Ideen und Geschichten und schwieg einen Augenblick verdutzt, bis er die sehr einfachen Worte des Priesters verstand.
»Sie meinen, solange man sie nicht anbetet?« sagte er. »Ja, aber ich weiß nicht – es sind doch wunderbare Geschöpfe. Manchmal habe ich die Empfindung, daß sie bedeutend mehr wissen als unsereiner.«
Pater Brown erwiderte nichts. Er streichelte weiter halb unbewußt dem großen Schäferhund den Kopf, was dem Tier offenbar wohltat.
»Zufällig«, setzte Fiennes mit steigender Wärme seinen Monolog fort, »spielt auch in der Sache, in der ich mir heute bei Ihnen Rat holen möchte, ein Hund eine gewisse Rolle. Ich meine den Fall des ›Unsichtbaren Mörders‹, wie man ihn nennt. Die Geschichte ist gewiß sonderbar, am allersonderbarsten aber kommt mir der Hund vor. Natürlich bleibt auch das Verbrechen an sich höchst merkwürdig; wie konnte der alte Druce von

einem andern Menschen ermordet werden, während er doch ganz allein in der Laube saß?«

Die Hand, die den Hund streichelte, unterbrach auf einen Augenblick die rhythmische Bewegung, und Pater Brown fragte ruhig: »Ach, es war also eine Laube?«

»Haben Sie denn den Fall nicht in den Zeitungen verfolgt?« erwiderte Fiennes. »Warten Sie mal – ich glaube, ich habe da einen Ausschnitt bei mir, aus dem Sie alle Einzelheiten ersehen können.« Er zog ein Stückchen Zeitung aus der Tasche und gab es dem Priester, der es dicht an die blinzelnden Augen hielt und anfing zu lesen; mit der anderen Hand liebkoste er mechanisch den Hund weiter – das verkörperte Gleichnis vom Manne, dessen rechte Hand nicht weiß, was die linke tut.

»Viele Detektivgeschichten von Menschen, die hinter verschlossenen Türen und Fenstern ermordet wurden und deren Mörder entkamen, ohne eine Tür zu benutzen, sind im Laufe der außergewöhnlichen Vorfälle in Cranston an der Küste von Yorkshire zur Wirklichkeit geworden. Dort wurde Oberst Druce erstochen aufgefunden; er war von rückwärts mit einem Dolch durchbohrt worden. Das Mordwerkzeug ist vom Tatort, ja überhaupt aus der nächsten Umgebung verschwunden. Die Laube, in der der Ermordete starb, war allerdings von einer Seite aus zugänglich – nämlich durch die gewöhnliche Tür, die zum Mittelweg des Gartens und zum Hause offenstand. Durch eine merkwürdige Verkettung von Zufällen standen jedoch sowohl Weg als Eingang während der kritischen Zeit unter genauer Beobachtung, und es ist eine Reihe von Zeugen da, deren Aussagen sich gegenseitig stützen.

Die Laube steht am äußersten Ende des Gartens, der an dieser Stelle keinerlei Ein- oder Ausgang besitzt. Der Mittelweg des Gartens läuft zwischen zwei Reihen hohem Rittersporn, der so eng gepflanzt ist, daß jeder Schritt vom Wege ab eine Spur hinterlassen müßte. Weg und Blumen führen bis dicht an die Laube; es würde

auffallen, wenn jemand vom geraden Pfad abweichen wollte. Ein anderer Zugang ist aber nicht vorhanden. Patrick Floyd, der Sekretär des Ermordeten, bezeugt, daß er sich in einer Lage befand, von der aus er den ganzen Garten übersehen konnte, und zwar von dem Augenblick an, wo der Oberst zuletzt lebend in der Tür stand, bis zu der Zeit, wo er tot aufgefunden wurde; Floyd war nämlich oben auf einer Leiter und stutzte die Gartenhecke. Diese Aussage wird von Janet Druce, der Tochter des Verstorbenen, bestätigt. Sie saß während der ganzen Zeit auf der Terrasse vor dem Hause und sah Floyd arbeiten. Auch dies wird, wenigstens für einen Teil der Zeit, von Donald Druce, dem Bruder der jungen Dame, beglaubigt, der vom Fenster seines Schlafzimmers aus, wo er im Schlafrock stand – denn er war erst sehr spät aufgewacht – den Garten übersehen konnte. Endlich passen die Angaben zu der Aussage eines Nachbarn, des Dr. Valentine, der zu Besuch kam und sich einige Zeit mit Fräulein Druce auf der Terrasse unterhielt, und zu der des Familienanwalts Aubrey Traill, der vermutlich als letzter den Ermordeten am Leben gesehen hat – offenbar mit Ausnahme des Mörders.
Alle stimmen darin überein, daß die Vorgänge sich folgendermaßen abspielten: Um halb vier Uhr nachmittags ging Fräulein Druce den Gartenweg hinunter und fragte ihren Vater, für wieviel Uhr sie den Tee bestellen sollte. Er lehnte jedoch ab; er wollte auf seinen Rechtsanwalt Traill warten, den man ihm in die Laube schicken sollte, sobald er käme. Die junge Dame ging zur Terrasse zurück und traf unterwegs Traill, den sie in die Laube wies, wo er auch hinging. Nach einer halben Stunde kam er wieder heraus, der Oberst begleitete ihn bis zur Tür der Laube und war augenscheinlich in bester Verfassung und sogar glänzender Laune. Etwas früher hatte er sich über die Nachtschwärmereien seines Sohnes geärgert, aber seine gute Laune jedenfalls in ganz normaler Weise wiedergefunden; denn er hatte mehrere ande-

re Besucher auffallend herzlich empfangen, darunter seine beiden Neffen, die auf einen Tag herausgekommen waren. Da die beiden Letztgenannten jedoch während der ganzen Zeit der Missetat auf einem Spaziergang abwesend waren, konnten sie nicht aussagen. Wie man sagt, stand zwar der Oberst nicht zum besten mit Dr. Valentine, aber der Arzt hatte nur eine kurze Unterredung mit der Tochter des Hauses, auf die er, wie man annimmt, ernste Absichten hat. Der Rechtsanwalt, Traill, sagt aus, daß der Oberst allein in der Laube zurückblieb, und dies wird durch Floyd bestätigt, der den Garten aus der Vogelschau überblickte, da er niemand durch den einzigen Eingang eintreten sah.
Zehn Minuten später ging Fräulein Druce wieder durch den Garten; bevor sie am Ende des Weges angekommen war, sah sie ihren Vater auf der Erde liegen; er fiel ihr durch seinen weißen Hausrock schon von weitem auf. Sie stieß einen Schrei aus, der die andern herbeilockte; als man die Laube betrat, fand man den Obersten tot neben seinem Korbsessel liegen, der ebenfalls umgefallen war. Wie Dr. Valentine, der sich noch in der Nähe befand, feststellte, rührte die Wunde von einer Art Stilett her, das unterhalb des Schulterblattes eingedrungen war und das Herz durchbohrt hatte. Die Polizei hat den Tatort und die Umgebung nach einer solchen Waffe durchsucht, ohne eine Spur davon zu finden.«
»Also einen weißen Rock hatte der Oberst an, wie?« sagte Pater Brown und legte die Zeitung hin.
»Das war so seine Gewohnheit von den Tropen her«, antwortete Fiennes erstaunt. »Wie er selbst erzählte, mußte er dort die merkwürdigsten Dinge erlebt haben, und wahrscheinlich war ihm Dr. Valentine so unsympathisch, weil er auch von den Tropen her kam. Aber die ganze Sache ist ein verdammtes Rätsel. Was da in der Zeitung steht, stimmt ziemlich genau – erlebt habe ich die Tragödie nicht, denn ich war nicht dabei, wie sie ihn fanden, weil ich gerade mit den beiden jungen

Neffen und dem Hund spazieren war – eben dem Hund, von dem ich erzählen wollte. Aber ich habe den Schauplatz der Tat gesehen, wie er hier beschrieben steht – den geraden Pfad zwischen den blauen Blumen bis hinauf zu dem dunklen Eingang, den Rechtsanwalt mit seinem schwarzen Anzug und Zylinder, wie er ihn entlang ging, und den roten Kopf des Sekretärs gerade über der grünen Hecke, an der er mit seiner Gartenschere herumarbeitete. Dieser rote Kopf war auf keine Entfernung hin zu verkennen; und wenn die Zeugen sagen, daß sie ihn die ganze Zeit über gesehen haben, stimmt das sicher. Der rothaarige Sekretär Floyd ist überhaupt ein Original – ein unruhiger Geist, der immer anderen Leuten die Arbeit abnimmt, wie damals dem Gärtner. Ich glaube, er ist Amerikaner – jedenfalls hat er den amerikanischen Gesichtspunkt, wie sie drüben sagen.«

»Und der Rechtsanwalt?« fragte Pater Brown.

Nach kurzem Schweigen sagte Fiennes ungewöhnlich langsam: »Von Traill hatte ich einen merkwürdigen Eindruck. In seinem vornehmen schwarzen Anzug sah er fast wie ein Stutzer aus, aber doch nicht modisch oder elegant. Denn er trug einen langen, vollen schwarzen Backenbart, wie man ihn seit dreißig Jahren kaum mehr zu sehen bekommt. Er hatte ein vornehmes, ernstes Gesicht und ein vornehmes, ernstes Wesen, aber manchmal schien ihm einzufallen, daß er lächeln müßte – und wenn er dann seine weißen Zähne zeigte, schien er etwas an Würde einzubüßen, ja er bekam sogar etwas Kriecherisches. Vielleicht war es auch nur Verlegenheit, denn er spielte auch gern mit seinem Schlips und seiner Krawattennadel, die ebenso schön und ungewöhnlich waren wie er selbst. Wenn es irgend jemand gewesen sein könnte – aber was soll das alles – es ist doch ausgeschlossen. Kein Mensch weiß, wer es getan hat – niemand weiß, wie es überhaupt geschehen konnte. Das heißt, mit einer Ausnahme: Der Hund weiß es.«

Pater Brown seufzte und sagte zerstreut: »Sie waren

zum jungen Donald zu Besuch gekommen, nicht wahr? Er hat Sie doch auf dem Spaziergang nicht begleitet?«

»Nein«, lächelte Fiennes. »Der Schlingel war am Morgen zu Bett gegangen und am Nachmittag aufgestanden. Ich habe seine Vettern begleitet, zwei junge Offiziere aus Indien, und wir haben uns über höchst alltägliche Dinge unterhalten. Der Ältere, der, wenn ich nicht irre, Herbert Druce heißt, gilt für einen hervorragenden Pferdezüchter, er redete in einem fort von einer Stute, die er gekauft hatte, und dem Lumpen von einem Verkäufer; sein Bruder Harry war schlechter Laune, weil er in Monte Carlo viel Geld verspielt hatte. Ich erwähne das nur wegen der Dinge, die sich auf unserm Spaziergang ereigneten, um Ihnen zu beweisen, daß uns Telepathie ganz fernlag – von uns vieren war der Hund der einzige Hellseher.«

»Was für eine Rasse?« fragte der Priester.

»So einer wie der da«, erwiderte Fiennes. »Dadurch bin ich auf die Geschichte gekommen – weil Sie, wie Sie sagen, nicht glauben, daß man an einen Hund glauben soll. Der Hund war ein großer deutscher Schäferhund und hörte auf den Namen ›Nox‹ – ein sehr passender Name übrigens, denn mir scheint das, was er anstellte, viel dunkler und geheimnisvoller als der Mord.* Sie müssen wissen, daß das Haus und der Garten des Obersten am Meer liegen; wir gingen etwa anderthalb Kilometer weit fort und längs des Strandes zurück. Wir kamen an einem merkwürdigen Felsen vorüber, dem ›Schicksalsfelsen‹; er ist in der Gegend sehr berühmt, weil, wie das manchmal so vorkommt, zwei Steine so aufeinander ausbalanciert sind, daß ein Stoß genügen würde, um den oberen herunterzuwerfen. Wirklich hoch ist er nicht, aber durch seine sonderbare Form wirkt er ziemlich wild und schaurig; mir wenigstens kam er so vor, denn die beiden jungen Kerle zeigten wenig Sinn

* Nox ist lateinisch und bedeutet »Nacht«.

für das Romantische. Vielleicht hatte ich auch schon Ahnungen.

Dann wurde die Frage aufgeworfen, ob es Zeit sei, zur Vesper zurückzugehen, und ich hatte so ein Gefühl, als ob es sehr auf die Zeit ankäme. Herbert und ich hatten beide keine Uhr mit. Wir riefen also seinen Bruder, der ein wenig zurückgeblieben war, um sich an einer windgeschützten Stelle bei der Hecke seine Pfeife anzuzünden. Daher kam es, daß er die Zeit – nämlich zwanzig nach vier – mit seiner dröhnenden Stimme laut durch die Dämmerung grölte – es klang so laut, daß es wie die Verkündigung einer ungeheuer wichtigen Epoche wirkte. Besonders, weil er so ahnungslos war. Mit Vorzeichen ist das immer so – und gewisse Augenblicke waren ja an dem Nachmittag bedeutungsvoll. Nach Dr. Valentines Aussage starb der arme Druce wirklich kurz vor halb fünf Uhr.

Na, die Jungens sagten, wir hätten noch zehn Minuten Zeit. Wir gingen also am Strand weiter, ohne was Besonderes zu tun – wir warfen Steine für den Hund und schleuderten Stöcke ins Meer, die er apportieren sollte. Mir schien aber die Dämmerung immer drückender zu werden; selbst der Schatten des Schicksalsfelsens lag wie eine Last auf mir. Und da geschah das Merkwürdige. Nox hatte gerade Herberts Spazierstock aus dem Wasser apportiert, und sein Bruder warf nun auch seinen hinein. Der Hund schwamm ins Meer hinaus – aber auf einmal – es muß genau um Schlag halb fünf Uhr gewesen sein – hörte er auf zu schwimmen. Er kehrte an den Strand zurück und blieb vor uns stehen. Dann warf er plötzlich den Kopf zurück und stieß ein Geheul aus – ein klagendes Wehgeheul, wie ich es nur je im Leben gehört habe.

›Was, zum Teufel, hat der Hund?‹ fragte Herbert; aber keiner von uns wußte eine Antwort. Das Heulen und Winseln der Bestie erstarb auf dem verlassenen Ufer der See; dann herrschte ein langes Schweigen, das plötzlich unterbrochen wurde. Unterbrochen, so wahr ich lebe, durch den schwachen Schrei einer Frau, der von weither, aus dem Innern jenseits der Hecke, zu kommen schien. Damals wußten wir noch nicht, was es zu bedeuten hatte; aber später erfuhren wir es. Es war der Schrei, den das Mädchen ausstieß, als sie den Leichnam ihres Vaters fand.«

»Nun kehrten Sie wohl um, nicht wahr?« fragte Pater Brown geduldig. »Und was geschah weiter?«

»Ich will Ihnen sagen, was weiter geschah«, sagte Fiennes mit finsterem Nachdruck. »Als wir in den Garten kamen, war das erste, was wir erblickten, der Rechtsanwalt Traill – ich sehe ihn noch jetzt vor mir mit seinem schwarzen Hut und schwarzem Backenbart, die sich gegen den Hintergrund von blauen Blumen, die Laube, den Sonnenuntergang und den Schicksalsfelsen in der Ferne abhoben. Sein Gesicht und seine Gestalt waren im Schatten; aber ich könnte einen Eid leisten, daß man seine Zähne sah, und daß er lächelte.

Kaum hatte Nox den Menschen erblickt, so raste er nach vorn, blieb mitten auf dem Wege stehen und bellte ihn wie besessen an. Er heulte mörderisch; aus seiner Hundekehle brachen Flüche, die mit ihrem deutlichen Ausdruck von Haß fast menschlich wirkten. Der Mann kroch in sich zusammen und flüchtete zwischen den Blumen den Weg hinauf.«

Pater Brown sprang mit erstaunlicher Ungeduld von seinem Sitz auf.

»Der Hund hat ihn also angeklagt, nicht wahr?« rief er aus. »Das Hundeorakel hat ihn verurteilt. Haben Sie sich auch um den Vogelflug gekümmert, und ob die Vögel rechts oder links vorbeizogen. Hoffentlich haben Sie nicht unterlassen, den Hund aufzuschneiden, und die Eingeweide zu beschauen. Auf diese Art von wissenschaftlicher Probe scheint ihr aufgeklärten Heiden euch zu verlassen, wenn es sich darum handelt, einem Mann Leben und Ehre abzuschneiden.«

Fiennes saß einen Augenblick mit offenem Munde da, bevor er die Worte herausbrachte: »Ja, was haben Sie denn? Was hab ich denn getan?«
In die Augen des Priesters stahl sich ein Ausdruck von Besorgnis – die Besorgnis des Mannes, der im Dunkel an einen Pfosten angerannt ist und sich einen Augenblick lang fragt, ob er kein Unheil angerichtet hat.
»Ich bedaure unendlich«, sagte er voll aufrichtiger Betrübnis. »Ich bitte um Entschuldigung wegen meiner Unhöflichkeit – verzeihen Sie.«
Fiennes sah ihn neugierig an. »Manchmal kommen Sie mir geheimnisvoller vor als alle Geheimnisse«, sagte er. »Aber – wenn Sie an das Geheimnis vom Hund nicht glauben wollen, über das Geheimnis vom Menschen kommen Sie nicht hinweg. Sie können doch nicht leugnen, daß im gleichen Augenblick, wo das Tier aus dem Wasser kam und brüllte, die Seele seines Herrn aus ihrem Leib getrieben wurde durch den Stoß einer unsichtbaren Kraft, die kein Sterblicher auffinden oder sich auch nur vorstellen kann. Und was den Rechtsanwalt betrifft; ich halte mich nicht nur an den Hund: da gibt es noch andere sonderbare Einzelheiten. Mir machte er den Eindruck eines glatten, lächelnden, doppelzüngigen Menschen, und eine seiner Angewohnheiten kam mir förmlich wie ein Anhaltspunkt vor. Wie Sie wissen, waren Arzt und Polizei sehr bald zur Stelle – Valentine wurde eingeholt, als er vom Haus wegging, und er telefonierte sofort. Dieser Umstand und dazu die Abgeschlossenheit des Hauses, die kleine Anzahl von Personen und der begrenzte Raum haben es sozusagen möglich gemacht, jeden genau zu durchsuchen, der in der Nähe war – und es wurde auch jeder durchsucht – nach einer Waffe. Das ganze Haus, der Garten und der Strand wurden aufs genaueste nach einer Waffe abgesucht. Daß der Dolch so einfach verschwinden konnte, ist fast ebenso widersinnig, wie daß der Mörder verschwand.«

»Daß der Dolch verschwand –«, Pater Brown nickte. Er schien plötzlich aufmerksam zu werden.

»Nun passen Sie auf«, fuhr Fiennes fort, »ich habe Ihnen schon gesagt, daß dieser Traill die Gewohnheit hatte, fortwährend an seinem Schlips und an der Krawattennadel herumzubasteln – besonders an der Nadel. Seine Nadel war gleichzeitig auffallend prächtig und altmodisch – genau wie er selbst. Sie bestand aus einem Stein mit konzentrischen farbigen Kreisen, die wie ein Auge aussahen – und je mehr er sich damit befaßte, desto mehr fiel sie mir auf die Nerven, gerade als wäre er ein Zyklop mit einem einzigen Auge mitten im Körper. Aber die Nadel war nicht nur groß, sondern auch lang – und mir fiel ein, daß er sich vielleicht so große Mühe gab, sie richtig zu stecken, weil sie noch länger war als sie aussah – so lang wie ein Stilett, mit einem Wort.«

Pater Brown nickte nachdenklich. »Wurde noch von einer anderen Waffe gesprochen?« fragte er.

»Ja«, erwiderte Fiennes, »einer der beiden jungen Druces – ich meine die Vettern – hatte noch eine Idee. Weder Herbert noch Harry machten zuerst den Eindruck, als ob sie für Detektivarbeit in Frage kämen – aber während Herbert genau dem althergebrachten Typus des schweren Dragoners entspricht und in der Garde eine gute Figur macht, gehörte sein jüngerer Bruder seinerzeit der indischen Polizei an und wußte in diesen Dingen Bescheid. Auf seine Art war er sogar nicht einmal dumm – mir kommt es fast vor, daß er zu gescheit war und abgesägt wurde, weil er sich nicht um den Amtsschimmel kümmerte und auf seine eigene Verantwortung handelte. Jedenfalls war er sozusagen ein Detektiv ohne Stellung und warf sich mit mehr als Dilettanteneifer auf den Fall. Mit ihm hatte ich auch die Debatte über die Waffe – und die Debatte brachte uns auf eine neue Idee. Es fing damit an, daß er meine Beschreibung von der Art und Weise, wie der Hund auf Traill losgegangen war, in Abrede stellte – er sagte, daß ein Hund, wenn er ganz gefährlich sei, nie belle, sondern knurre.«

»Damit hatte er völlig recht«, bemerkte der Priester.

»Ferner sagte er, wenn es darauf ankäme, hätte er Nox schon andere Leute anknurren gehört – zum Beispiel den Sekretär Floyd. Ich gab zur Antwort, daß sein Einwurf sich selbst erledige – zwei oder drei Leute konnten das Verbrechen nicht begangen haben, am wenigsten Floyd, der so unschuldig war wie ein wilder Schuljunge und allen sichtbar über der Hecke saß und mit seinem roten Schopf so auffallend aussah, wie ein scharlachroter Kakadu. ›Ja, leicht ist die Sache nicht‹, gab mein Kollege mir zur Antwort, ›aber kommen Sie doch bitte mal mit mir in den Garten. Ich möchte Ihnen etwas zeigen, was wohl noch keiner gesehen hat.‹ Das war am Tage, an dem der Mord entdeckt wurde, und im Garten lag noch alles unverändert da: die Leiter stand bei der Hecke; und unter die Hecke bückte sich mein Begleiter und zog aus dem tiefen Gras etwas heraus. Es war die Schere, mit der die Hecke gestutzt worden war; an einer Spitze klebte Blut.«

Nach einem kurzen Schweigen fragte Pater Brown plötzlich: »Was machte der Rechtsanwalt dort?«

»Er sagte uns, daß ihn der Oberst bestellt hatte, weil er sein Testament ändern wollte«, erwiderte Fiennes. »Der Oberst war sehr reich, und sein Testament war wichtig. Damals wollte Traill uns noch nichts Genaueres über die Änderung sagen, aber ich habe seither erfahren – erst heute früh nämlich –, daß der Hauptteil des Vermögens dem Sohn entzogen und der Tochter vermacht wurde. Ich habe Ihnen schon gesagt, daß Druce auf seinen Sohn wütend war, weil er ein so flottes Leben führte.«

»Die Frage nach dem Warum ist bis jetzt durch die Frage nach dem Wie in den Hintergrund gedrängt worden«, bemerkte Pater Brown nachdenklich. »In diesem Augenblick hat Fräulein Druce, wie es scheint, durch den Tod unmittelbar gewonnen.«

»Um Himmels willen! Sind Sie aber ein Gemütsmensch«, rief Fiennes aus und starrte ihn an. »Sie wollen doch damit nicht etwa sagen, daß sie –«
»Wird sie den Doktor Valentine heiraten?« fragte der andere. »Was ist das für ein Mensch?«
»Valentine? Er trägt einen Bart – sehr blaß, sehr schön – sieht wie ein Ausländer aus. Auch der Name klingt nicht gerade englisch. Aber im Ort hat man ihn gern und hält viel von ihm; er ist ein geschickter und gewissenhafter Chirurg.«
»Ein so gewissenhafter Chirurg«, sagte Pater Brown, »daß er sein Besteck mithatte, als er die junge Dame zur Vesperzeit besuchte. Er muß doch eine Lanzette oder etwas Ähnliches benutzt haben – und er war in der Zwischenzeit nicht zu Hause.«
Fiennes sprang auf und sah ihn hitzig vor Neugierde an. »Meinen Sie, daß er dieselbe Lanzette benutzt hat –«
Pater Brown schüttelte den Kopf. »Alle diese Einfälle sind vorläufig noch ganz fantastisch«, sagte er. »Die Frage lautet nicht, wer es getan hat und womit, sondern wie es getan wurde. Wir könnten viele Männer finden und viele Werkzeuge – Nadeln und Scheren und Lanzetten. Aber wie konnte ein Mensch in das Zimmer gelangen – oder auch nur eine Nadel?«
Während er sprach, blickte er nachdenklich auf die Decke – aber bei den letzten Worten wurde sein Auge plötzlich munter, als hätte er da oben eine merkwürdige Fliege erblickt. »Nun, wie würden Sie jetzt vorgehen?« fragte der Jüngere. »Sie haben so viel Erfahrung – wozu würden Sie mir raten?«
»Ich fürchte, daß ich nicht viel tun kann«, sagte der Priester mit einem Seufzer. »Ich kann wenig sagen, da ich den Ort und die Leute nicht kenne. Für den Augenblick können Sie nur die lokalen Nachforschungen fortsetzen. Ich habe Sie doch richtig verstanden, daß Ihr Freund, der indische Polizeibeamte, mehr oder weniger die Untersuchung leitet. Ich würde an Ihrer Stelle hin-

fahren und sehen, was er macht, was bei seiner dilettantischen Detektivarbeit herausgekommen ist. Vielleicht gibt es schon etwas Neues.«

Während seine Gäste – der Zweifüßler und der Vierfüßler – sich entfernten, griff Pater Brown zur Feder und widmete sich wieder seiner unterbrochenen Arbeit; er war dabei, eine Vortragsreihe über die Enzyklika Rerum Novarum zu entwerfen. Das Thema war umfassend, daher war er nach zwei Tagen ähnlich beschäftigt, als der große schwarze Hund wieder ins Zimmer gesprungen kam und sich voll Begeisterung und Aufregung über ihn warf. Der Herr, der nach dem Hund eintrat, teilte die Aufregung, wenn auch nicht die Begeisterung. Er war in weniger angenehmer Weise aufgeregt worden – die blauen Augen traten aus den Höhlen, und das ausdrucksvolle Gesicht war ein wenig bleich.

»Sie haben mir gesagt«, fing er unvermittelt und ohne Einleitung an, »ich sollte nachsehen, was Harry Druce macht. Wissen Sie, was er gemacht hat?«

Der Priester antwortete nicht, und der junge Mann stieß heraus:

»Ich will's Ihnen sagen. Er hat sich umgebracht.«

Die Lippen des Paters bewegten sich ganz leise; was er sagte, hat mit dieser Geschichte – und dieser Welt – nichts zu schaffen.

»Manchmal graut mir vor Ihnen«, sagte Fiennes. »Haben Sie – haben Sie das erwartet?«

»Ich hielt es für möglich«, sagte Pater Brown, »deshalb riet ich Ihnen, hinzufahren und sich nach ihm umzusehen. Ich hoffte, es würde nicht zu spät sein.«

»Ich war derjenige, der ihn fand«, sagte Fiennes mit belegter Stimme. »Es ist die häßlichste und unheimlichste Erfahrung meines Lebens. Ich ging wieder durch den alten Garten und merkte, daß etwas außer dem Mord darin neu und ungewöhnlich war. Die Blumen drängten sich noch immer in blauer Fülle um den dunklen Eingang in die alte graue Laube – aber sie sahen aus wie blaue Dämonen, die in der Unterwelt vor einer dunklen Höhle tanzen. Ich blickte mich um – alles schien an seinem gewohnten Ort. Aber mir drängte sich das sonderbare Gefühl auf, daß selbst der Himmel nicht so aussah wie sonst. Und dann verstand ich – sonst erhob sich der Schicksalsfelsen im Hintergrund jenseits der Hecke und vor dem Meer. Und der Schicksalsfelsen war verschwunden.«

Pater Brown hatte den Kopf gehoben und hörte mit gespannter Aufmerksamkeit zu.

»Es traf mich so, als hätte sich ein Berg aus der Landschaft fortbewegt, oder als sei der Mond vom Himmel gefallen; obwohl ich ja natürlich wußte, daß das Ding jederzeit bei einer bloßen Berührung umkippen konnte. Wie besessen stürzte ich in Windeseile den Gartenweg hinunter und drang durch die Hecke, als wäre es ein Spinngewebe. Es war auch nur eine dünne Hecke, obwohl sie, unberührt und gut gestutzt, denselben Zweck erfüllt hatte wie eine Mauer. Am Strande sah ich, daß der Felsen von seinem Untersatz gefallen war; der arme Harry Druce lag zerschmettert darunter. Einen Arm hatte er um den Stein geschlungen, als er ihn auf sich heruntergezogen; die andere Hand krampfte sich um einen Zettel, auf den er die Worte geschmiert hatte: ›Der Schicksalsfelsen begräbt den Narren.‹«

»Daran war das Testament des Obersten schuld«, bemerkte Brown. »Der junge Mensch hatte alles auf eine Karte gesetzt; er wollte dadurch profitieren, daß Donald in Ungnade gefallen war, besonders als der Onkel ihn am selben Tage kommen ließ wie den Anwalt, und ihn mit solcher Wärme empfing. Andernfalls war er unten durch; seine Anstellung bei der Polizei hatte er verloren; in Monte Carlo war er zum Bettler geworden. Und er nahm sich das Leben, sobald er erfuhr, daß er seinen Verwandten zwecklos getötet hatte. Da haben Sie die ganze Geschichte.«

Fiennes sah ihn verblüfft an. »Ja, hören Sie mal«, rief er aus, »woher wissen Sie denn das alles schon? Und woher wissen Sie, daß es stimmt? Sie sind die ganze Zeit hundert Meilen vom Tatort entfernt gewesen und haben an einer Predigt geschrieben – wollen Sie wirklich behaupten, daß Sie schon wissen, was passiert ist? Wenn Sie das Ende schon kennen – wo in aller Welt haben Sie angefangen? Wo haben Sie den ersten Anhaltspunkt hergenommen?«

Pater Brown sprang in ungewohnter Aufregung vom Sitze. Sein erster Ausruf klang wie eine Explosion.

»Und der Hund?« rief er, »der Hund? Sie hatten die Erklärung zu der ganzen Sache in Händen – das Benehmen des Hundes am Strand nämlich – Sie hätten nur richtig auf den Hund aufpassen müssen.«

Fiennes Erstaunen wuchs. »Aber Sie haben mir doch gesagt, daß meine Meinung über den Hund heller Blödsinn ist, und daß er nichts mit der Sache zu tun hat.«

»Der Hund hatte sehr viel damit zu tun«, erwiderte Pater Brown, »und das hätten Sie auch bald herausgehabt, wenn Sie ihn nur wie einen Hund behandelt hätten und nicht wie Gott, der über die Seelen der Menschen zu Gericht sitzt.«

Er schwieg einen Augenblick verlegen und sagte dann in rührend entschuldigendem Ton: »Ich habe nämlich, aufrichtig gesagt, Hunde furchtbar gern. Und ich hatte den Eindruck, daß bei der ganzen geisterhaften Gloriole, mit der man abergläubischerweise die Hunde umgibt, kein Mensch wirklich an den armen Hund dachte. Um mit einer Kleinigkeit anzufangen: er bellte den Anwalt an und knurrte, wenn er den Sekretär sah. Sie fragen, wieso ich auf hundert Meilen Entfernung alles erraten konnte; ehrlich gesprochen, ist dies Ihr Verdienst, denn Sie haben die Leute so meisterhaft beschrieben, daß ich die Typen sofort erkannte. Ein Mensch wie Traill, der gewöhnlich die Stirn runzelt und plötzlich lächelt, ein Mensch, der viel und gern mit Gegenständen

spielt und sich immer an seinem Hals zu schaffen macht, ist ein nervöser Mensch, der leicht in Verlegenheit kommt. Wahrscheinlich ist Floyd, der tüchtige Sekretär, auch nervös und schreckhaft; gerade die übereifrigen Amerikaner sind es oft. Sonst hätte er sich nicht die Finger an der Schere geschnitten und sie fallen lassen, als er Janet Druce schreien hörte.
Hunde können aber nervöse und ängstliche Leute gar nicht leiden. Vielleicht, weil solche Leute den Hund auch nervös machen; oder weil er doch grausam ist – schließlich ist es bloß ein Tier –, oder weil er in seiner hündischen Eitelkeit – die ungeheuer ist – sich einfach beleidigt fühlt, daß man ihn nicht gern hat. Jedenfalls war weiter nichts dahinter, daß der arme Nox nichts von den Leuten wissen wollte, als daß er sie nicht mochte, weil sie sich vor ihm fürchteten.
Nun kommen wir aber zu den Vorgängen am Strande, und da fängt die Sache erst an, richtig interessant zu werden. In Ihrer Darstellung klang alles viel rätselhafter. Ich konnte nicht begreifen, weshalb der Hund zuerst ins Wasser ging und dann wieder herauskam; so etwas sieht einem Hunde nicht ein bißchen ähnlich. Wenn Nox sich über etwas anderes sehr aufgeregt hätte, wäre er vielleicht gar nicht dazu zu bringen gewesen, den Stock zu apportieren. Vermutlich hätte er dann dort herumgeschnüffelt, wo er Unheil witterte. Aber wenn ein Hund einmal wirklich hinter einer Sache her ist – ob's nun ein Stock oder ein Stein oder ein Hase ist, wird er meiner Erfahrung nach nicht davon ablassen, wenn es ihm nicht aufs entschiedenste befohlen wird – und auch dann nicht immer. Daß er aus einer Laune umgekehrt sei, scheint mir undenkbar.«
»Er ist aber doch umgekehrt«, beharrte Fiennes, »und ohne den Stock wiedergekommen.«
»Ohne den Stock wiedergekommen ist er aus dem stichhaltigsten Grund von der Welt«, erwiderte der Priester. »Er ist wiedergekommen, weil er ihn nicht finden konn-

te. Er hat geheult, weil er ihn nicht finden konnte. Über so etwas heult ein Hund nämlich wirklich. Ein Hund hält sich streng an die Regel. Er legt ebensoviel Gewicht auf den genauen Verlauf eines Spieles, wie ein Kind auf die genaue Wiederholung eines Märchens. In diesem Falle war etwas an dem Spiel nicht in Ordnung. Er kam wieder, um sich ernstlich über das Benehmen des Stockes zu beschweren. So etwas war noch nie dagewesen – noch nie war ein bedeutender Hund so von einem scheußlichen Spazierstock behandelt worden.«

»Ja, was hatte denn der Spazierstock angestellt?« fragte der junge Mann.

»Er war untergegangen«, sagte Pater Brown.

Fiennes sagte nichts, sondern sah weiter verblüfft den Priester an, der fortfuhr:

»Er war untergegangen, weil es kein wirklicher Stock war, sondern eine Stahlklinge mit äußerst dünnem Bambusüberzug und scharfer Spitze. Mit anderen Worten: ein Stockdegen. Es ist wohl noch niemals ein Mörder auf so sonderbare und doch natürliche Weise eine blutige Waffe losgeworden, wie dieser, der sie einem Schäferhund zum Apportieren ins Wasser warf.«

»Ich fange an, zu verstehen«, gab Fiennes zu, »aber selbst wenn ein Stockdegen benutzt wurde, habe ich doch keine Ahnung, wie.«

»Ich hatte eine Ahnung«, sagte Pater Brown, »gleich anfangs, als Sie von einer Laube sprachen. Und dann wieder, als Sie erwähnten, daß Druce einen weißen Rock trug. Solange alle auf der Suche nach einem kurzen Dolch waren, fiel es niemand ein – aber sowie wir an eine lange Klinge wie bei einem Fechtdegen denken, ist es nicht mehr so unmöglich.

Er lehnte sich zurück, richtete den Blick zur Decke und fing an, seine ersten Gedanken und Voraussetzungen zu rekonstruieren.

»Das ganze Gerede über Detektivgeschichten wie das Gelbe Zimmer, wo ein Toter in versiegelten Stuben auf-

gefunden wird, in die niemand eindringen konnte, läßt sich auf den vorliegenden Fall gar nicht anwenden; denn es handelt sich um eine Laube. Wenn wir von einem Gelben Zimmer oder irgendeinem Zimmer sprechen, setzen wir Wände voraus, die wirklich undurchdringlich sind. Aber eine Laube sieht gar nicht so aus. Oft, und auch in diesem Fall, besteht sie aus dicht geflochtenen aber doch getrennten Zweigen und Holzstäben, die hier und da Löcher aufweisen. Ein solches Loch befand sich gerade hinter dem Rücken des Obersten, als er in seinem Sessel an der Rückwand der Laube saß. Und wie das Zimmer eine Laube, so war auch der Sessel ein Korbsessel – ein Geflecht mit lauter kleinen Löchern. Und endlich stand die Laube an der Hecke – eben haben Sie mir erzählt, daß es in Wirklichkeit eine dünne Hecke war. Jemand, der draußen stand, konnte durch das Netz von Ästen, Zweigen und Rohr einen weißen Fleck vom Rock des Obersten so deutlich sehen wie eine Schießscheibe.
Ihre geografischen Angaben waren nicht sehr genau, aber ich war doch im Bilde. Wie Sie sagten, war der Schicksalsfelsen nicht sehr hoch; aber Sie sagten auch, daß er den Garten wie ein Berggipfel beherrschte. Mit anderen Worten: er war gar nicht so weit vom Ende des Gartens entfernt, obwohl Ihr Spaziergang Sie auf einem großen Umweg hingeführt hatte. Wahrscheinlich hat auch die junge Dame nicht so gebrüllt, daß man es eine halbe Meile weit hören konnte. Sie hat einen gewöhnlichen, unwillkürlichen Schrei ausgestoßen, und doch haben Sie ihn am Strand gehört. Und was die andern interessanten Dinge betrifft, die Sie mir erzählten, so darf ich Sie vielleicht an Ihre Bemerkung erinnern, daß Harry Druce zurückgeblieben war, um sich im Schutze der Hecke die Pfeife anzuzünden.«
Fiennes schauderte. »Sie meinen, daß er dort den Degen gezogen und nach dem weißen Fleck durch die Hecke gestochen hat? Aber das war doch sicher eine

sonderbare Gelegenheit und ein sehr plötzlicher Entschluß. Außerdem konnte er doch nicht sicher wissen, daß der Alte ihm sein Geld vermacht hatte, und faktisch war es ja auch gar nicht der Fall.«

Pater Browns Gesicht belebte sich.

»Sie verstehen seinen Charakter falsch«, sagte er, ganz so, als ob er den Menschen sein Lebtag gekannt hätte. »Ein merkwürdiger, aber nicht unbekannter Typ. Wenn er sicher gewußt hätte, daß er das Geld erben würde, hätte er es nicht getan – davon bin ich überzeugt. Es wäre ihm dann als die Schurkerei erschienen, die es ist.«

»Ist das nicht etwas paradox?« fragte der andere.

»Der Mensch war eine Spielernatur«, sagte der Priester, »er war mit Schimpf und Schande davongejagt worden, weil er zuviel gewagt hatte und den Weisungen zuvorgekommen war. Wahrscheinlich handelte es sich um eine recht skrupellose Angelegenheit, denn jede imperialistische Polizei hat mehr Ähnlichkeit mit der russischen Geheimpolizei, als wir gern glauben möchten. Er war aber zu weit gegangen und hatte verspielt. Diese Art Mensch fühlt immer die Versuchung, eine verrückte Handlung zu begehen, weil die Gefahr nachher so großartig aussieht. Er sehnt sich danach, sagen zu können: Außer mir hätte kein Mensch die Gelegenheit ergriffen und gewußt: jetzt oder nie. Was war das doch für ein wildes und wunderbares Rätselraten – wie klug habe ich mir auf die verschiedenen Umstände meinen Reim gemacht! Donald in Ungnade, der Alte schickt nach dem Anwalt – gleichzeitig läßt man mich und Herbert holen. Und dann nichts weiter, als daß mich der Alte anfeixt und mir fest die Hand drückt. Jeder würde sagen, daß ich verrückt war, es zu riskieren – aber so werden Vermögen gewonnen, immer von dem einen, der verrückt genug ist, ein klein wenig Weitblick zu haben.

Kurz und gut: es handelt sich um die Eitelkeit des Rätselraters, um den Größenwahn des Spielers. Je unwahrscheinlicher das Zusammentreffen, je drängender die Entscheidung, desto mehr beeilt er sich, zuzugreifen. Der Zufall, ja die Alltäglichkeit des weißen Flecks und des Lochs in der Hecke berauschten ihn, als hätte man ihm alle Schätze der Welt gezeigt. Wer konnte so klug sein, die Verbindung von Zufällen zu bemerken, und so feige, sie nicht zu nutzen! Auf diese Weise lockt der Teufel den Spieler. Aber selbst der Teufel hätte den Unglücklichen nicht dazu vermocht, nach einer langweiligen Überlegung hinzufahren und einen alten Erbonkel umzubringen. Das wäre ihm zu bürgerlich gewesen.«

Fiennes war in Gedanken verloren. Er schien sich an den weniger handgreiflichen Teil des Falles zu erinnern. »Es bleibt doch sonderbar«, sagte er, »daß der Hund nun doch etwas mit der Geschichte zu tun hatte.«

»Der Hund hätte Ihnen beinahe die ganze Geschichte erzählen können, wenn er nur sprechen könnte«, sagte der Priester. »Ich beklage mich nur darüber, daß Sie – weil er nicht sprechen kann – eine Geschichte für ihn erfanden und ihn mit Menschen- und Engelszungen reden ließen. Ich habe das schon oft in unserer Zeit beobachtet. Man findet es in allen möglichen Zeitungsgerüchten und Schlagworten der Unterhaltung – man erkennt es an, obwohl es Willkür ist. Die Leute lassen sich das und jenes vormachen, ohne es zu prüfen. Es schwemmt den alten Rationalismus und Skeptizismus fort, es flutet herein wie die See – und sein Name ist Aberglaube.«

Er stand plötzlich auf und runzelte die Stirn; dann fuhr er fort zu sprechen, als wäre er allein. »Als erste Folge davon, daß ihr nicht an Gott glaubt, verliert ihr euren gesunden Menschenverstand und seht die Dinge nicht mehr wie sie sind. Man mag reden, wovon man will – wenn man nur sagt, daß da sehr viel dahintersteckt, streckt es sich immer weiter, wie eine Fernsicht in einem Fiebertraum. Dann ist der Hund ein Omen und

die Katze ein Rätsel und der Käfer ein Skarabäus, und man ruft die ganzen Götter aus Ägypten und dem alten Indien zu Hilfe –Anubis mit dem Hundekopf und Pasht mit den grünen Augen und die heiligen brüllenden Stiere von Bashan, taumelt zu den Tiergöttern der ersten Anfänge und rettet sich zu Elefanten und Schlangen und Krokodilen – und das alles, weil ihr euch vor drei Wörtern fürchtet: Homo factus est*.«
Der junge Mann stand etwas verlegen auf, als hätte er ein Selbstgespräch belauscht. Er rief seinen Hund und verließ das Zimmer mit undeutlichen aber herzlichen Abschiedsworten. Er mußte jedoch zweimal rufen; denn der Hund stand einen Augenblick unbeweglich da und sah unverwandt zu Pater Brown empor, wie der Wolf zu Sankt Franziskus.

Aus dem Englischen von Dora Sophie Kellner

* »Homo factus est« ist lateinisch und bedeutet »Der Mensch ist erschaffen worden«.

Dorothy Sayers: Die Heldentat in der Höhle des Ali Baba

Im Vorderzimmer eines düsteren, engen Hauses in Lambeth saß ein Mann am Tisch und aß Bücklinge, während er einen Blick in die *Morgenpost* warf. Er war etwas klein und dürr, mit braunem, zu regelmäßig gewelltem Haar und einem kräftigen braunen Spitzbart. Sein zweireihiger marineblauer Anzug und die sorgfältig dazu ausgesuchten Socken sowie Schlips und Taschentuch waren etwas zu übertrieben, um noch von wirklich gutem Geschmack zu zeugen, und das Braun seiner Schuhe war eine Idee zu hell. Er sah nicht aus wie ein Gentleman, nicht einmal wie ein Kammerdiener, und doch hatte er etwas an sich, das darauf hindeutete, daß er an einen in guten Familien herrschenden Lebensstil gewohnt war. Der Frühstückstisch, den er eigenhändig gedeckt hatte, war so tadellos in allen Einzelheiten arrangiert, wie man es von einem erstklassigen Diener erwartet.

Als er zu einem kleinen Büfett ging, um sich einen Teller voll Schinken abzuschneiden, glich er einem besseren Butler, und doch war er für einen pensionierten Butler noch nicht alt genug; ein Diener vielleicht, der eine Erbschaft gemacht hatte.

Er verzehrte den Schinken mit gutem Appetit, und während er langsam seinen Kaffee trank, las er aufmerksam einen Artikel der Zeitung durch, den er sich schon angekreuzt hatte.

Lord Peter Wimseys Testament
Vermächtnis an Diener
10 000 Pfund für wohltätige Zwecke

»Das Testament Lord Peter Wimseys, der im Dezember auf der Jagd nach Großwild in Tanganjika tödlich verunglückte, ist gestern in Höhe von 500 000 Pfund für gültig erklärt worden. Eine Summe von 10 000 Pfund ist verschiedenen Wohltätigkeitsvereinen vermacht, einschließlich ... (hier folgte eine Aufzählung von Vermächtnissen). Seinem Kammerdiener, Mervyn Bunter, wurde eine Jahresrente von 500 Pfund ausgesetzt. Außerdem erhielt er Wohnrecht in der Etage des Testators in Piccadilly. (Es folgte eine Anzahl persönlicher Vermächtnisse.) Der Rest des Besitzes, einschließlich der wertvollen Bücher- und Bildersammlung in 110A Piccadilly, fiel an die Mutter des Testators, die Herzoginwitwe von Denver. Lord Peter Wimsey war siebenunddreißig Jahre alt, als er starb. Er war der jüngere Bruder des jetzigen Herzogs von Denver, der der reichste Peer im Vereinigten Königreich ist. Lord Peter hat sich als Kriminalist ausgezeichnet und bei der Lösung mehrerer berühmter Fälle eine aktive Rolle gespielt. Er war ein großer Büchersammler und eine bekannte Persönlichkeit.«
Der Mann stieß einen Seufzer der Erleichterung aus.
»Das stimmt zweifellos«, sagte er laut. »Die Leute verschenken ihr Geld nicht, wenn sie die Absicht haben, wiederzukommen. Der Mann ist tot und begraben, das ist sicher. Ich bin frei.«
Er trank seinen Kaffee aus, räumte den Tisch ab und wusch das Geschirr. Dann nahm er seinen Hut vom Ständer und ging aus.

Ein Bus brachte ihn nach Bermondsey. Dort stieg er aus und tauchte in einem Netz von düsteren Straßen unter. Nach einer Viertelstunde erreichte er eine schäbige

Wirtschaft in einem schlechten Viertel. Er trat ein und bestellte einen Doppel-Whisky.
Die Wirtschaft war eben erst geöffnet worden, aber eine Anzahl von Kunden, die offenbar bei der Türschwelle auf dieses wünschenswerte Ereignis gewartet hatten, war bereits an der Bar versammelt. Der Mann, der vielleicht ein Diener gewesen sein mochte, faßte nach seinem Glas und stieß dabei an den Ellbogen einer auffallend gekleideten Person in einem karierten Anzug und einem bedauerlichen Schlips.
»Heda!« stellte ihn die auffallende Person zur Rede. »Was soll das heißen? Leute Ihres Schlages sind hier nicht erwünscht. Machen Sie, daß Sie rauskommen!«
Er spickte seine Bemerkungen mit ein paar saftigen Worten und versetzte dem anderen einen heftigen Stoß vor die Brust.
»Die Bar ist ja wohl für jeden offen, nicht wahr?« entgegnete der andere und gab den Schubs mit Zinsen zurück.
»Na, na«, mischte sich die Bardame ein, »so etwas gibt's hier nicht. Der Herr hat es ja nicht mit Absicht getan, Mr. Jukes.«
»Nein?« fragte Mr. Jukes. »Aber ich.«
»Sie sollten sich schämen«, erwiderte die junge Dame und warf den Kopf in den Nacken. »Ich will in meiner Bar keinen Streit haben – jedenfalls nicht so früh am Morgen.«
»Es geschah aus Versehen«, erklärte der Mann von Lambeth. »Ich bin kein Störenfried, habe immer in den besten Häusern gedient. Aber wenn irgendein Herr Händel sucht . . .«
»Schon gut, schon gut«, sagte Mr. Jukes etwas friedlicher. »Ich bin nicht wild darauf, Ihnen ein neues Gesicht zu verpassen, wenn auch jede Änderung es verbessern würde. Benehmen Sie sich das nächste Mal anständiger, weiter will ich nichts. Was wollen Sie trinken?«
»Nein, nein«, protestierte der andere, »diese Runde zahle

ich. Tut mir leid, daß ich Sie geschubst habe. Das wollte ich nicht. Aber ich lasse mir nicht gern so kommen.«

»Kein Wort mehr darüber«, wehrte Mr. Jukes großmütig ab. »Diesen spendiere ich. Noch einen Doppel-Whisky, Miss, und einen wie gehabt. Kommen Sie hierher, wo es nicht so voll ist, damit Sie nicht wieder Scherereien bekommen.«

Er führte ihn an einen kleinen Tisch in der Ecke.

»Nun ist's gut«, meinte Mr. Jukes. »Sehr geschickt gemacht. Ich glaube ja nicht, daß uns hier Gefahr droht. Aber man kann nicht vorsichtig genug sein. Wie ist es nun, Rogers? Haben Sie sich entschlossen, mitzumachen?«

»Ja«, erwiderte Rogers mit einem Blick über die Schulter, »ja, das will ich. Aber wohlgemerkt nur, wenn alles in Ordnung scheint. Ich will keine Scherereien, und ich will mich nicht in ein gefährliches Spiel einlassen. Ich will Ihnen wohl Auskunft geben, aber es steht von vornherein fest, daß ich keine aktive Rolle bei all den Vorgängen spiele. Ist das klar?«

»Selbst wenn Sie es wünschten, dürften Sie keine aktive Rolle spielen«, entgegnete Mr. Jukes. »Mein Gott, Sie lächerlicher Kauz, Nummer Eins nimmt für diese Arbeiten nur Experten. Sie brauchen uns nur zu verraten, wo der Plunder ist und wie man darankommt. Das übrige erledigt die Gesellschaft. Eine fabelhafte Organisation, kann ich Ihnen sagen. Sie wissen nicht einmal, wer die Arbeit macht oder wie sie gemacht wird. Sie kennen niemanden, und niemand kennt Sie – außer Nummer Eins natürlich. Er kennt jeden.«

»Und Sie«, sagte Rogers.

»Und ich natürlich. Aber ich werde in einen anderen Bezirk versetzt. Nach dem heutigen Tage werden wir uns nicht wiedersehen, außer bei den Generalversammlungen, und da tragen wir alle Masken.«

»Nun machen Sie aber einen Punkt!« stieß Rogers hervor.

»Tatsache. Man wird Sie zu Nummer Eins bringen – er sieht Sie, aber Sie sehen ihn nicht. Wenn er dann findet, daß Sie etwas taugen, werden Sie in die Liste eingetragen, und danach wird man Ihnen sagen, wohin Sie Ihre Berichte zu liefern haben. Alle vierzehn Tage findet eine Bezirksversammlung statt, und alle drei Monate wird eine Generalversammlung einberufen, auf der die Anteile ausgehändigt werden. Jedes Mitglied wird bei seiner Nummer aufgerufen und bekommt seinen Teil in die Hand gedrückt. Das ist alles.«

»Sollten aber nun zwei Mitglieder zusammen ein Ding drehen müssen, was dann?«

»Wenn die Arbeit bei Tag stattfindet, sind sie so verkleidet, daß ihre eigenen Mütter sie nicht wiedererkennen. Aber meistens wird nachts gearbeitet.«

»Ach so. Aber hören Sie – was sollte jemanden daran hindern, mir bis zu meiner Wohnung nachzuspüren und mich bei der Polizei anzuschwärzen?«

»Nichts natürlich. Aber ich würde ihm nicht raten, es zu versuchen. Der letzte, der diese schlaue Idee hatte, wurde da unten bei Rotherhithe aus dem Fluß gefischt, noch ehe er Zeit hatte, seinen kostbaren Bericht einzureichen. Nummer Eins kennt nämlich jeden.«

»Oh! – Und wer ist diese Nummer Eins?«

»Das möchten viele Leute brennend gern wissen.«

»Weiß es niemand?«

»Niemand. Er ist das reinste Wunder, dieser Nummer Eins. Er ist ein Gentleman. Soviel kann ich Ihnen verraten. Und nach seinem Benehmen zu urteilen, stammt er aus ziemlich hohen Kreisen. Er hat sogar Augen hinten im Kopf und einen Arm, der von hier bis nach Australien reicht. Aber niemand weiß etwas von ihm. Höchstens Nummer Zwei, und auch bei ihr bin ich nicht sicher.«

»Gehören denn auch Frauen dazu?«

»Na, klar doch. Ohne sie kann man heutzutage nicht arbeiten. Aber darüber brauchen Sie sich keine Gedan-

ken zu machen. Die Frauen sind durchaus zuverlässig. Sie wollen ebensowenig wie Sie oder ich zu einem schmerzlichen Ende kommen.«
»Aber hören Sie, Jukes – wie ist das mit dem Geld? Man übernimmt ein großes Risiko. Lohnt es sich denn auch?«
»Ob es sich lohnt?« Jukes lehnte sich über den kleinen Marmortisch und flüsterte.
»Hui!« staunte Rogers. »Und wieviel würde ich davon bekommen?«
»Dasselbe wie die anderen, ganz egal, ob Sie an dem Ding beteiligt waren oder nicht. Wir haben fünfzig Mitglieder, und Sie würden den fünfzigsten Teil bekommen, dasselbe wie Nummer Eins und wie ich.«
»Wirklich? Im Ernst?«
»So wahr ich hier sitze!« Jukes lachte. »Man sollte es nicht für möglich halten. So etwas ist noch nie dagewesen. Das größte Unternehmen in seiner Art. Er ist ein bedeutender Mann, unser Nummer Eins.«
»Und drehen Sie viele solche Dinge?«
»Viele? Hören Sie! Erinnern Sie sich an die Carruthers-sche Halskette und den Bankraub von Gorleston? Und an den Einbruch in Faversham? Und an den großen Rubens, der aus der Nationalgalerie verschwand? Und die Frenshamschen Perlen? Alles Leistungen der Organisation. Und nichts davon aufgeklärt.«
Rogers leckte sich die Lippen.
»Aber bedenken Sie«, sagte er vorsichtig, »wenn ich nun ein Spitzel wäre und direkt von hier zur Polizei ginge und dort das auspackte, was Sie mir hier alles erzählt haben, was dann?«
»Ah!« meinte Jukes. »Tun Sie das nur, und wir wollen sehen, was Ihnen unterwegs passiert. Ich möchte dann nicht in Ihren Schuhen stecken.«
»Wollen Sie etwa damit sagen, daß ich unter Beobachtung stehe?«
»Darauf können Sie Gift nehmen. Ja. Und selbst wenn

Ihnen unterwegs nichts passierte und Sie brächten die Polente zu dieser Wirtschaft –«

»Ja?«

»Dann würden Sie mich nicht finden, ganz einfach. Ich wäre dann zu Nummer Fünf gegangen.«

»Wer ist Nummer Fünf?«

»Ah! Das weiß ich nicht. Aber er ist der Mann, der Ihnen ein neues Gesicht verpaßt, und zwar auf der Stelle. Plastische Chirurgie nennt man das. Und neue Fingerabdrücke. Alles neu. Wir sind für die allerneuesten Methoden in unserem Verein.«

Rogers pfiff vor sich hin.

»Na, was meinen Sie nun?« fragte Jukes, während er seinen Bekannten über den Rand seines Glases hinweg beäugte.

»Hören Sie mal – Sie haben mir da so allerlei erzählt. Wird mir nichts passieren, wenn ich ›nein‹ sage?«

»Gar nichts – wenn Sie sich ordentlich aufführen und uns keine Scherereien machen.«

»Hm. Ach so. Und wenn ich ›ja‹ sage?«

»Dann werden Sie in Null Komma nix ein reicher Mann sein und können wie ein Gentleman leben. Und brauchen nichts dafür zu tun. Müssen uns nur sagen, was Sie über die Häuser wissen, in denen Sie gearbeitet haben, Sie können Ihr Geld spielend verdienen, wenn Sie ein ehrliches Spiel mit der Organisation treiben.«

Rogers schwieg und dachte darüber nach.

»Einverstanden«, sagte er schließlich.

»Gut. Miss! Noch einmal dasselbe, bitte. Wollen einen darauf trinken, Rogers. Ich habe auf den ersten Blick gesehen, daß Sie der richtige Mann für uns sind. Also, trinken wir auf das im Schlaf verdiente Geld! Und nehmen Sie sich vor Nummer Eins in acht! Apropos Nummer Eins, Sie suchen ihn am besten gleich heute abend auf. Je eher, desto besser.«

»Da haben Sie recht. Wo soll ich denn erscheinen? Hier?«

»Nix da. Diese kleine Kneipe hat für uns ausgedient. Eigentlich schade; denn es ist hier sehr gemütlich. Aber das läßt sich nicht ändern. Hier sind Ihre Instruktionen: Heute abend Punkt zehn Uhr gehen Sie in nördlicher Richtung über die Lambeth-Brücke.« (Rogers fuhr ein wenig zusammen bei dieser Anspielung, daß seine Adresse bekannt war.) »Dort werden Sie ein gelbes Taxi sehen mit einem Chauffeur, der an dem Motor herumhantiert. Sie werden zu ihm sagen: ›Ist Ihr Bus startbereit?‹ und er wird antworten: ›Kommt drauf an, wohin Sie wollen.‹ Daraufhin werden Sie sagen: ›Fahren Sie mich zu Nummer Eins, London.‹ Es gibt übrigens einen Laden, der so heißt, aber zu dem wird er Sie nicht fahren. Wohin er Sie tatsächlich bringt, werden Sie nicht erfahren; denn die Fenster des Taxis sind verhängt. Daraus dürfen Sie sich nichts machen. Das ist beim ersten Besuch so üblich. Später, wenn Sie ein regelrechtes Mitglied sind, werden Sie den Namen des Platzes erfahren. Und wenn Sie dort anlangen, dann tun Sie, was man Ihnen sagt, und sprechen Sie die Wahrheit. Sonst wird Ihnen Nummer Eins die Leviten lesen. Verstehen Sie mich?«

»Ich verstehe.«

»Machen Sie mit? Haben Sie keine Angst?«

»Selbstverständlich habe ich keine Angst.«

»Gut! Dann brechen wir jetzt am besten auf. Und ich will mich gleich verabschieden, da wir uns nicht wiedersehen. Leben Sie wohl – und viel Glück!«

»Leben Sie wohl.«

Sie traten durch die Schwingtür auf die häßliche, schmutzige Straße.

Die zwei Jahre, die der Aufnahme des Dieners a. D. Rogers in eine Verbrechergesellschaft folgten, waren durch eine Reihe auffallender und erfolgreicher Überfälle auf die Häuser vornehmer Leute gekennzeichnet. Da war zum Beispiel der Diebstahl der fabelhaften Dia-

mantentiara der Herzoginwitwe von Denver. Ferner der Einbruch in die Etage, die früher der verstorbene Lord Peter Wimsey bewohnt hatte, wobei silbernes und goldenes Tafelgeschirr im Wert von 7000 Pfund erbeutet wurde; der Einbruch in das Landhaus des Millionärs Theodor Winthrop – wobei sich dieser wohlhabende Herr als ein eingefleischter Erpresser der guten Gesellschaft entpuppte, was einen Riesenskandal in Mayfair zur Folge hatte. Da war der Diebstahl der berühmten achtfachen Perlenschnur von der Marquise von Dinglewood, während sie in der Covent-Garden-Oper der Schmuckarie aus Gounods »Faust« lauschte. Allerdings erwiesen sich die Perlen als eine Imitation, und es stellte sich heraus, daß die echten Perlen unter Umständen, die dem Marquis höchst peinlich waren, von der edlen Dame ins Pfandhaus gebracht worden waren. Trotzdem war es ein sensationeller Coup.
An einem Sonnabendnachmittag im Januar saß Rogers in seinem Zimmer in Lambeth, als er plötzlich ein leises Geräusch an der Haustür wahrnahm. Er sprang auf, noch ehe es verstummt war, stürzte durch den kleinen Flur und riß die Tür auf. Die Straße war völlig leer. Doch als er zum Wohnzimmer zurückging, sah er einen Umschlag auf dem Garderobenständer liegen. Er war kurz und bündig an »Nummer Einundzwanzig« adressiert. Da er sich inzwischen an die reichlich dramatischen Methoden gewöhnt hatte, mit denen die Organisation ihre Post verteilte, zuckte er nur die Achseln und öffnete den Brief.
Er war in einer Geheimschrift abgefaßt, und die Übertragung lautete wie folgt: »Nummer Einundzwanzig. – Eine außerordentliche Generalversammlung ist für heute abend 23.30 im Hause von Nummer Eins anberaumt. Abwesenheit auf eigene Gefahr. Das Losungswort ist *Abschluß*.«
Rogers stand eine Weile sinnend da. Dann ging er in ein Hinterzimmer, in dessen eine Wand ein großer Safe ein-

gelassen war. Er drehte an der Kombination und marschierte in den Safe hinein, der eigentlich eine kleine Stahlkammer bildete. Er zog eine mit »Korrespondenz« bezeichnete Schublade heraus und legte den eben erhaltenen Brief hinein.
Nach einigen Minuten kam er wieder hervor, verschloß den Safe mit einer neuen Kombination und kehrte ins Wohnzimmer zurück.
»Abschluß«, sagte er vor sich hin. »Ja – ich glaube auch.« Er streckte die Hand nach dem Telefon aus – überlegte es sich aber offenbar anders.
Dann stieg er nach oben in eine Dachstube und kletterte von da aus auf einen sich dicht unter dem Dach befindlichen Oberboden. Hier kroch er das Gebälk entlang bis in die äußerste Ecke, wo er vorsichtig auf einen Knorren im Gebälk drückte. Sofort öffnete sich eine Geheimtür. Er kroch hindurch und befand sich im entsprechenden Oberboden des nächsten Hauses. Ein leises Gurren tönte ihm beim Eintreten entgegen. Unter dem schrägen Fenster standen drei Käfige mit je einer Brieftaube.
Ganz vorsichtig blickte er aus dem Dachfenster, das auf eine hohe, fensterlose Fabrikwand ging. Niemand war in dem finsteren kleinen Hof, und weit und breit war kein Fenster zu sehen. Er zog den Kopf wieder ein. Dann nahm er ein kleines, dünnes Stück Papier aus seiner Brieftasche und schrieb ein paar Buchstaben und Nummern darauf, ging zum nächsten Käfig, nahm die Taube heraus und befestigte die Botschaft an ihrem Flügel. Nun setzte er sie sorgfältig auf den Rand des Fensters. Sie zauderte ein wenig, trippelte von einem rosigen Fuß auf den anderen, hob die Flügel und – weg war sie. Er beobachtete, wie sie über das Fabrikdach in den schon dunkelnden Himmel stieg und in der Ferne verschwand.
Er blickte auf seine Uhr und ging wieder nach unten. Eine Stunde später ließ er die zweite Taube fliegen und

nach einer weiteren Stunde die dritte. Dann setzte er sich hin und wartete. Um halb zehn stieg er wieder auf den Boden. Es war dunkel, aber ein paar frostige Sterne glitzerten am Himmel, und durch das Fenster wehte es kalt herein. Blaß glänzte etwas am Boden. Er hob es auf – es war warm und voller Federn. Die Antwort war gekommen.

Er griff in das weiche Gefieder und entdeckte das Papier. Bevor er die Nachricht las, fütterte er die Taube und setzte sie in einen der Käfige. Er wollte gerade die Tür schließen, da hielt er inne.

»Wenn mir irgend etwas zustößt«, meinte er, »so brauchst du deshalb nicht zu verhungern, mein Kind«, schob das Fenster etwas weiter auf und ging nach unten. Auf dem Stück Papier in seiner Hand standen nur zwei Buchstaben: »O. K.« Sie schienen in großer Eile geschrieben, denn die Tinte war etwas verschmiert. Er bemerkte dies mit einem Lächeln, warf das Papier ins Feuer und ging in die Küche, um sich ein kräftiges Essen zu bereiten. Er wählte Eier und Corned beef aus einer neuen Dose und aß alles ohne Brot, obwohl ein frischer Laib neben ihm auf dem Regal lag, dazu holte er sich ein Glas Wasser aus der Leitung, das er eine ganze Weile laufen ließ, ehe er es zu trinken wagte. Außerdem wischte er vorher den Hahn innen und außen sorgfältig ab.

Als er fertig war, nahm er einen Revolver aus einer verschlossenen Schublade und inspizierte aufmerksam den Mechanismus, um zu sehen, ob er gut funktioniere. Dann lud er ihn mit neuen Patronen aus einem nicht angebrochenen Paket, setzte sich wieder hin und wartete.

Um Viertel vor elf erhob er sich und trat auf die Straße. Er schritt kräftig aus und hielt sich von den Häuserwänden bedachtsam fern, bis er auf eine gut erleuchtete Hauptstraße kam. Hier nahm er einen Bus und sicherte sich einen Eckplatz, von dem er alle Ein- und Ausstei-

genden gut beobachten konnte. Nach häufigem Buswechsel gelangte er schließlich in eine respektable Wohngegend von Hampstead; hier stieg er aus und ging auf die Heide zu, indem er sich immer noch von den Hauswänden fernhielt.
Es schien kein Mond, aber trotzdem war es nicht ganz finster, und als er einen einsamen Teil der Heide überquerte, sah er mehrere dunkle Gestalten aus verschiedenen Richtungen auf sich zukommen. Er blieb im Schutze eines großen Baumes stehen und befestigte eine schwarze Samtmaske vor seinem Gesicht, die von der Stirn bis zum Kinn reichte. Am unteren Rande war die Nummer Einundzwanzig deutlich mit weißem Garn eingestickt.
Schließlich enthüllte eine leichte Senkung im Boden eine jener hübschen Villen, die ein wenig isoliert in der ländlichen Umgebung der Heide stehen. Eins der Fenster war erleuchtet. Als er auf die Tür zuging, drängten sich andere dunkle, ebenfalls maskierte Gestalten vor und umringten ihn. Er zählte sechs.
Der vorderste klopfte an die Tür des einsamen Hauses. Nach einer Weile wurde sie ein wenig geöffnet. Der Mann schob seinen Kopf in die Öffnung. Es folgte ein Gemurmel, und dann öffnete sich die Tür weit. Der Mann trat ein, und die Tür schloß sich wieder.
Als drei Männer eingetreten waren, kam die Reihe an Rogers. Er klopfte dreimal laut und zweimal leise. Die Tür öffnete sich ein paar Zentimeter, und ein Ohr preßte sich in den Spalt. Rogers flüsterte das Wort »Abschluß«. Das Ohr wurde weggenommen, die Tür öffnete sich, und er trat ein.
Ohne ein weiteres Wort der Begrüßung ging Nummer Einundzwanzig in einen kleinen Raum zur Linken, der wie ein Büro mit einem Schreibtisch, einem Safe und ein paar Stühlen ausgestattet war. Am Schreibtisch saß ein massiver Mann, der vor sich ein dickes Hauptbuch liegen hatte. Der Neuangekommene machte die Tür

sorgfältig hinter sich zu. Ein Federschloß schnappte ein. Als er zum Tisch trat, meldete er: »Nummer Einundzwanzig, Sir«, und blieb respektvoll stehen. Der große Mann blickte auf, und die Nummer Eins hob sich auffallend von seiner schwarzen Samtmaske ab. Seine seltsam harten blauen Augen glitten prüfend über Rogers. Auf ein Zeichen von ihm entfernte Rogers seine Maske. Nachdem er sorgfältigst seine Identität festgestellt hatte, sagte der Präsident: »In Ordnung, Nummer Einundzwanzig«, und machte einen Eintrag in das Buch. Die Stimme war hart und metallisch wie seine Augen. Der forschende Blick hinter der unbeweglichen schwarzen Maske schien Rogers unruhig zu machen. Er trat von einem Fuß auf den anderen und senkte die Augen. Nummer Eins entließ ihn mit einer Handbewegung, und Rogers setzte mit einem schwachen Seufzer, der nach Erleichterung klang, seine Maske wieder auf und verließ den Raum. Als er hinausging, trat der nächste ein.

Der Raum, in dem sich die Geheimgesellschaft versammelte, war groß. Man hatte die beiden größten Räume der ersten Etage zusammengelegt. Möbliert war er im üblichen Vorstadtgeschmack des zwanzigsten Jahrhunderts und strahlend erleuchtet. In einer Ecke stand ein Grammophon und schmetterte eine Jazzmelodie, nach der etwa zehn maskierte Paare tanzten, manche in Abendkleidung, andere im Straßenanzug.
In einer Ecke des Raumes befand sich eine amerikanische Bar. Rogers ging zu dem maskierten Mann, der dort waltete, und bestellte einen Doppel-Whisky. Er lehnte sich an die Bar und trank ihn langsam aus. Der Raum füllte sich allmählich. Bald darauf ging jemand zum Grammophon und stellte es ab. Er sah sich um. Nummer Eins war auf der Schwelle erschienen. Eine große, schwarzgekleidete Frau stand neben ihm. Die mit einer weißen Zwei bestickte Maske bedeckte ihr

Haar und ihr Gesicht vollständig. Ihre tadellose Haltung, ihre weißen Arme, ihr schöner Busen und ihre dunklen Augen, die durch die Schlitze in der Maske leuchteten, ließen darauf schließen, daß man es mit einer machtvollen Frau von großen körperlichen Reizen zu tun hatte.

»Meine Damen und Herren.« Nummer Eins stand am oberen Ende des Raumes. Die Frau nahm neben ihm Platz. Ihre Augen waren gesenkt und verrieten nichts, aber ihre Hände lagen zusammengeballt auf den Armlehnen ihres Sessels, und ihre ganze Gestalt schien verkrampft zu sein.

»Meine Damen und Herren. Zwei Nummern fehlen heute abend.« Die Masken bewegten sich; Augen wanderten suchend und zählend umher. »Ich brauche Sie wohl nicht in Kenntnis zu setzen von dem schrecklichen Mißlingen unseres Plans, die Entwürfe für den Court-Windleshamschen Helikopter zu erlangen. Unsere treuen, mutigen Kameraden Nummer Fünfzehn und Nummer Achtundvierzig sind verraten und von der Polizei verhaftet worden.«

Ein unruhiges Gemurmel erhob sich unter den Anwesenden.

»Einige von Ihnen mögen daran gedacht haben, daß selbst die wohlbekannte Standhaftigkeit dieser Kameraden unter einem Kreuzverhör zusammenbrechen könnte. Aber Sie haben keine Ursache, aufgeregt zu sein. Die üblichen Instruktionen sind erteilt worden, und ich habe soeben den Bericht erhalten, daß ihre Zungen endgültig zum Schweigen gebracht worden sind. Sie werden sicher alle froh sein, daß diesen beiden tapferen Männern die Versuchung, ehrlos zu handeln, erspart geblieben ist und daß sie eine öffentliche Verhandlung und die Härten einer langen Gefängnisstrafe nicht über sich ergehen zu lassen brauchen.«

Die versammelten Mitglieder zogen scharf den Atem ein; es klang, als striche der Wind über ein Gerstenfeld.

»Ihre Angehörigen werden in der üblichen Weise diskret entschädigt. Ich fordere Nummer Zwölf und Nummer Vierunddreißig auf, diese angenehme Aufgabe zu übernehmen. Nach der Versammlung werden sie weitere Instruktionen in meinem Büro erhalten. Wollen die von mir genannten Nummern so freundlich sein und andeuten, daß sie fähig und bereit sind, diese Pflicht zu erledigen?«
Zwei Hände erhoben sich. Der Präsident blickte auf seine Uhr und fuhr fort: »Meine Damen und Herren, fordern Sie bitte Ihre Partner zum nächsten Tanz auf.«
Das Grammophon wurde wieder angestellt. Rogers wandte sich an ein Mädchen, das in einem roten Kleid neben ihm stand. Sie nickte, und beide glitten in den Takt eines Foxtrotts. Die Paare drehten sich ernst und schweigsam. Die Schatten der sich bewegenden Figuren wurden auf die Vorhänge geworfen.
»Was ist nur passiert?« hauchte das Mädchen, ohne die Lippen merklich zu bewegen. »Ich habe Angst. Sie nicht? Ich habe das Gefühl, als ob etwas Schreckliches geschehen wird.«
»Die Methoden des Präsidenten stoßen einen etwas vor den Kopf«, gab Rogers zu, »aber man hat dadurch größere Sicherheit.«
»Diese armen Männer –«
Ein Tänzer, der sich umdrehte und ihnen unmittelbar folgte, berührte Rogers am Arm.
»Das Sprechen ist untersagt«, warnte er. Seine Augen funkelten streng. Er wirbelte seine Partnerin mitten unter die Menge und war im Nu verschwunden. Das Mädchen erschauerte.
Das Grammophon hörte auf. Es wurde etwas geklatscht. Dann drängten sich die Tänzer wieder um den Stuhl des Präsidenten.
»Meine Damen und Herren. Sie haben sich vielleicht schon gefragt, warum diese außerordentliche Versammlung einberufen worden ist. Es liegt ein sehr ernster

Grund vor. Das Mißlingen unseres kürzlichen Versuchs war kein Zufall. Die Polizei war in jener Nacht nicht zufällig am Platz. Wir haben einen Verräter unter uns.«
Partner, die dicht zusammengestanden hatten, wichen mißtrauisch voreinander zurück. Jedes Mitglied schien zusammenzuschrumpfen wie eine Schnecke bei der Berührung.
»Sie werden sich bestimmt an das enttäuschende Resultat der Dinglewood-Affäre erinnern«, fuhr der Präsident mit seiner barschen Stimme fort. »Ich rufe Ihnen andere, kleinere Angelegenheiten ins Gedächtnis zurück, die ebenfalls unbefriedigend waren. Man ist dem Ursprung aller dieser ärgerlichen Vorfälle nachgegangen. Es freut mich, Ihnen sagen zu können, daß wir jetzt alle ganz beruhigt sein können. Der Übeltäter ist entdeckt und wird entfernt. Es sollen keine Irrtümer mehr vorkommen. Das mißleitete Mitglied, das den Verräter in unserer Gesellschaft eingeführt hat, wird dahin gebracht werden, wo sein Mangel an Vorsicht kein Unheil mehr anrichten kann. Es gibt keine Ursache zur Aufregung.«
Jedes Auge schweifte unter den Anwesenden umher auf der Suche nach dem Verräter und seinem Unglückseligen Bürgen. Irgendwo unter den schwarzen Masken mußte ein Gesicht weiß geworden sein, irgendwo unter dem stickigen Samt müssen auf einer Stirn Schweißperlen gestanden haben, die nicht von der Hitze des Tanzes herrührten. Doch die Masken verbargen alles.
»Meine Damen und Herren, bitte fordern Sie Ihre Partner zum nächsten Tanz auf.«
Aus dem Grammophon tönte eine alte, halbvergessene Melodie: *There ain'd nobody loves me.* Das Mädchen in Rot wurde von einer großen Maske im Abendanzug geholt. Eine Hand legte sich auf Rogers' Arm und ließ ihn zusammenfahren. Eine kleine, rundliche Frau in einem grünen Jumper schob ihre kalte Hand in die seine. Der Tanz ging weiter.
Als er unter dem üblichen Applaus aufhörte, blieb jeder

für sich in steifer Erwartung stehen. Die Stimme des Präsidenten ließ sich wieder vernehmen.

»Meine Damen und Herren, bitte benehmen Sie sich doch natürlich. Dies ist ein Tanz und keine öffentliche Versammlung.«

Rogers führte seine Partnerin zu einem Stuhl und holte ihr ein Eis. Als er sich über sie beugte, sah er, wie schnell sich ihre Brust hob und senkte.

»Meine Damen und Herren.« Die endlose Pause war vorüber. »Sie wünschen zweifellos, sofort aus Ihrer Ungewißheit erlöst zu werden. Ich will die betreffenden Personen nennen. Nummer Siebenunddreißig!«

Ein Mann sprang mit einem furchtbaren, halberstickten Schrei auf.

»Ruhe!«

Der Unglückliche würgte und stöhnte.

»Ich habe nie – ich schwöre, ich habe nie – ich bin unschuldig.«

»Ruhe! Sie haben es an Umsicht fehlen lassen. Man wird sich mit Ihnen befassen. Wenn Sie zur Verteidigung Ihrer Dummheit irgend etwas vorzubringen haben, werde ich es mir später anhören. Setzen Sie sich.«

Nummer Siebenunddreißig sank auf einen Stuhl. Er schob sein Taschentuch unter die Maske, um sich das Gesicht abzuwischen. Zwei große Männer stellten sich dicht neben ihn. Die übrigen wichen zurück, wie die Menschheit vor jemandem zurückfährt, der mit einer todbringenden Krankheit behaftet ist.

Das Grammophon ertönte wieder.

»Meine Damen und Herren, nun will ich den Verräter nennen. Nummer Einundzwanzig, treten Sie vor.«

Rogers trat vor. Konzentrierte Wut und Abscheu brannten ihm aus siebenundvierzig Paar Augen entgegen. Der elende Jukes fing von neuem an zu jammern.

»Oh, mein Gott! Oh, mein Gott!«

»Ruhe! Nummer Einundzwanzig, nehmen Sie Ihre Maske ab.«

Der Verräter zog den dicken Stoff von seinem Gesicht. Der intensive Haß der Augen verzehrte ihn.

»Nummer Siebenunddreißig, dieser Mann wurde hier von Ihnen eingeführt unter dem Namen Joseph Rogers, ehemaliger zweiter Diener im Dienste des Herzogs von Denver, wegen Diebstahls entlassen. Haben Sie etwas unternommen, um die Richtigkeit der Aussage zu überprüfen?«

»Ja, das habe ich getan! So wahr Gott mein Zeuge ist, es stimmte alles. Ich habe ihn von zwei Dienern identifizieren lassen. Ich habe Erkundigungen eingezogen. Alles, was er mir erzählt hatte, stimmte. Das kann ich beschwören.«

Der Präsident studierte ein Blatt Papier, das er vor sich liegen hatte, und blickte dann wieder auf die Uhr.

»Meine Damen und Herren, bitte wählen Sie Ihre Partner . . .«

Nummer Einundzwanzig stand mit auf dem Rücken gefesselten Händen regungslos da, während der Tanz des Verderbens um ihn herum kreiste. Das Klatschen am Ende klang genauso wie das Klatschen der Männer und Frauen, die mit durstigen Lippen unter der Guillotine saßen.

»Nummer Einundzwanzig, Sie sind hier eingetragen als Joseph Rogers, Diener, wegen Diebstahls entlassen. Ist das Ihr richtiger Name?«

»Nein.«

»Wie heißen Sie?«

»Peter Death Bredon Wimsey.«

»Wir dachten, Sie seien tot.«

»Natürlich. Das sollten Sie ja auch.«

»Was ist aus dem richtigen Joseph Rogers geworden?«

»Er starb im Ausland. Ich bin an seine Stelle getreten. Ihre Leute sind wirklich nicht zu tadeln, weil sie mich nicht durchschaut haben. Ich bin nicht nur an Rogers' Stelle getreten. Ich *war* Rogers. Sogar, wenn ich allein war, ging ich wie Rogers, saß ich wie Rogers, las ich

Rogers' Bücher und trug Rogers' Kleidung. Schließlich hatte ich fast dieselben Gedanken wie Rogers. Wenn man eine Personifikation erfolgreich durchführen will, darf man niemals nachlassen.«
»Ach so. Der Diebstahl in Ihrer eigenen Etage war also arrangiert, wie?«
»Unverkennbar.«
»Die Beraubung der Herzoginwitwe, Ihrer Mutter, ist wohl auch mit Ihrem Einverständnis geschehen?«
»Natürlich. Es war eine sehr häßliche Tiara – kein wirklicher Verlust für jemanden mit anständigem Geschmack. Darf ich übrigens rauchen?«
»Das dürfen Sie nicht. Meine Damen und Herren . . .«
Der Tanz glich dem mechanischen Hopsen von Marionetten. Glieder zuckten, Füße stolperten. Der Gefangene sah mit kritischer Überlegenheit zu.
»Nummer Fünfzehn, Nummer Zweiundzwanzig und Nummer Neunundvierzig. Sie haben den Gefangenen unter Beobachtung gehabt. Hat er irgendwelche Versuche gemacht, sich mit jemandem in Verbindung zu setzen?«
»Keinen einzigen.« Nummer Zweiundzwanzig war der Sprecher. »Man hat seine Briefe und Pakete geöffnet, sein Telefon abgehört und ihn beschattet. Seine Wasserrohre sind auf Morsesignale hin geprüft worden.«
»Können Sie das mit Sicherheit behaupten?«
»Ganz entschieden.«
»Gefangener, haben Sie dieses Abenteuer allein unternommen? Sprechen Sie die Wahrheit, oder die Sache könnte noch unangenehmer für Sie werden, als sie schon ist.«
»Ich stehe allein. Ich bin kein unnötiges Risiko eingegangen.«
»Mag sein. Ich halte es jedoch für ratsam, den Mann in Scotland Yard – wie hieß er doch noch –, Parker, zum Schweigen zu bringen. Ebenfalls den Kammerdiener des Gefangenen, Mervyn Bunter, und eventuell auch seine

Mutter und Schwester. Der Bruder ist ein Dummkopf, den der Gefangene wahrscheinlich nicht ins Vertrauen gezogen hat. Eine scharfe Bewachung wird eine ausreichende Vorsichtsmaßregel sein.«
Der Gefangene schien zum erstenmal ein Gefühl zu verraten. »Sir, ich versichere Ihnen, daß meine Mutter und meine Schwester nichts wissen, was auch nur im entferntesten für die Organisation gefährlich werden könnte.«
»Sie hätten früher an ihre Situation denken sollen. Meine Damen und Herren, bitte wählen Sie . . .«
»Nein – nein!« Fleisch und Blut konnten dieses Affentheater nicht länger ertragen. »Nein! Machen Sie ihn fertig. Dann haben wir's hinter uns. Brechen Sie die Versammlung ab. Es ist gefährlich. Die Polizei . . .«
»Ruhe!«
Der Präsident blickte sich im Kreise um. Die Leute sahen ziemlich gefährlich aus. Er gab nach.
»Na schön. Schaffen Sie den Gefangenen fort und töten Sie ihn. Er wird nach Methode Nummer Vier behandelt. Erklären Sie ihm diese vorher recht sorgfältig.«
»Ah!«
Die Augen drückten eine tierische Befriedigung aus. Starke Hände packten Wimsey an den Armen.
»Einen Augenblick – lassen Sie mich um Gottes willen auf anständige Weise sterben.«
»Das hätten Sie sich vorher überlegen sollen. Bringen Sie ihn fort. Meine Damen und Herren, Sie können beruhigt sein – er wird nicht schnell sterben.«
»Halt! Warten Sie!« rief Wimsey verzweifelt. »Ich habe Ihnen etwas zu sagen. Ich bitte nicht um mein Leben – nur um einen schnellen Tod. Ich – ich habe etwas zu verkaufen.«
»Zu verkaufen?«
»Ja.«
»Wir machen keine Geschäfte mit Verrätern.«
»Nein – aber hören Sie doch zu! Denken Sie etwa, daß ich eine solche Möglichkeit nicht ins Auge gefaßt hät-

te? So verrückt bin ich nicht. Ich habe einen Brief hinterlassen.«
»Ah! Jetzt kommt's heraus. Einen Brief. An wen?«
»An die Polizei. Wenn ich morgen nicht zurückkehre ...«
»Na, und?«
»Wird der Brief geöffnet.«
»Sir«, unterbrach Nummer Fünfzehn. »Das ist nichts weiter als Bluff. Der Gefangene hat keinen Brief abgeschickt. Er hat seit vielen Monaten unter strengster Beobachtung gestanden.«
»Ah! Aber hören Sie zu. Ich habe den Brief hinterlassen, ehe ich nach Lambeth kam.«
»Dann kann er keine wertvolle Information enthalten.«
»Oh, doch!«
»Was denn wohl?«
»Die Kombination meines Safes.«
»Wirklich? Ist der Safe dieses Mannes durchsucht worden?«
»Ja, Sir.«
»Was war darin enthalten?«
»Keine wichtige Information, Sir. Eine Beschreibung unserer Organisation – der Name dieses Hauses – nichts, das vor morgen nicht abgeändert und bemäntelt werden könnte.«
Wimsey lächelte.
»Haben Sie das innere Fach des Safes inspiziert?«
Es entstand eine Pause.
»Sie haben gehört, was er gesagt hat«, schnauzte der Präsident. »Haben Sie dieses innere Fach entdeckt?«
»Da war kein inneres Fach, Sir. Er versucht zu bluffen.«
»Leider muß ich Ihnen widersprechen«, erwiderte Wimsey, und es klang etwas von seinem alten, liebenswürdigen Ton durch. »Aber ich glaube wirklich, Sie haben das innere Fach übersehen.«
»Na«, meinte der Präsident, »was soll denn dieses inne-

re Fach enthalten, wenn es tatsächlich existieren sollte?«
»Die Namen jedes Mitglieds dieser Organisation mit Adresse, Fotografie und Fingerabdrücken.«
»Was?«
Häßliche Furcht malte sich in den Augen der Umstehenden. Wimsey blickte unverwandt den Präsidenten an.
»Wie wollen Sie zu dieser Information gekommen sein?«
»Ich habe ein bißchen Detektiv gespielt.«
»Aber Sie standen doch unter Beobachtung.«
»Stimmt. Die Fingerabdrücke meiner Beobachter schmücken die erste Seite meiner Sammlung.«
»Kann diese Behauptung erhärtet werden?«
»Gewiß. Ich will sie beweisen. Der Name von Nummer Fünfzig ist zum Beispiel . . .«
»Hören Sie auf!«
Ein wildes Gemurmel wurde hörbar.
Der Präsident brachte es mit einer Handbewegung zum Schweigen.
»Wenn Sie hier Namen erwähnen, können Sie bestimmt nicht auf Gnade rechnen. Es gibt noch eine fünfte Behandlungsmethode – reserviert für Leute, die Namen erwähnen. Bringen Sie den Gefangenen in mein Büro. Tanzen Sie weiter.«

Der Präsident nahm einen Revolver aus seiner Hüfttasche und blickte seinen stark gefesselten Gefangenen über den Tisch hinweg an.
»Nun reden Sie!« befahl er.
»Ich würde an Ihrer Stelle das Ding weglegen«, sagte Wimsey verächtlich. »Es würde eine viel angenehmere Todesart sein als die Behandlungsmethode Nummer Fünf, und ich könnte mich versucht fühlen, sie heraufzubeschwören.«
»Geistreich«, entgegnete der Präsident, »aber ein wenig

zu geistreich. Nun rasch, sagen Sie mir, was Sie wissen.«
»Wollen Sie mich verschonen, wenn ich es Ihnen sage?«
»Ich verspreche nichts. Schnell.«
Wimsey zuckte die gefesselten und schmerzenden Achseln.
»Gewiß. Ich will Ihnen sagen, was ich weiß. Wenn Sie genug gehört haben, können Sie sich melden.«
Er lehnte sich vor und sprach mit leiser Stimme. Über ihnen bezeugten das lärmende Grammophon und die schurrenden Füße, daß der Tanz fortgesetzt wurde. Passanten, die zufällig über die Heide gingen, bemerkten, daß die Leute in dem einsamen Haus einmal wieder die Nacht durchfeierten.
»Na«, fragte Wimsey, »soll ich fortfahren?«
»Mylord«, die Stimme des Präsidenten klang, als ob er unter der Maske grimmig lächelte, »Ihre Erzählung erfüllt mich mit Bedauern, daß Sie nicht tatsächlich ein Mitglied unserer Gesellschaft sind. Klugheit, Mut und Fleiß sind für eine Organisation wie die unsrige unendlich wertvoll. Ich fürchte, ich kann Sie nicht überreden? Nein – das habe ich mir wohl gedacht.«
Er schlug eine Glocke auf seinem Tisch an.
»Bitten Sie die Mitglieder, sich gütigst in den Souper-Raum zu begeben«, sagte er zu der eintretenden Maske.

Der »Souper-Raum« lag im Erdgeschoß. Die Fenster waren dicht verhängt und die Fensterläden fest verschlossen.
In der Mitte stand ein langer, kahler, von Stühlen umgebener Tisch.
»Eine Henkersmahlzeit, wie ich sehe«, bemerkte Wimsey liebenswürdig. Es war das erstemal, daß er diesen Raum betrat. Am äußersten Ende gähnte verhängnisvoll die Öffnung einer Falltür.
Der Präsident nahm an der Spitze der Tafel Platz.

»Meine Damen und Herren«, begann er wie üblich – und die törichte Höflichkeitsfloskel hatte nie so unheimlich geklungen –, »ich will Ihnen den Ernst der Situation nicht verheimlichen. Der Gefangene hat mir zwanzig Namen und Adressen aufgezählt, die, wie wir annahmen, nur mir und ihren Eigentümern bekannt seien. Man hat sich eine große Nachlässigkeit zuschulden kommen lassen« – seine Stimme bekam einen harten Klang –, »das muß näher untersucht werden. Fingerabdrücke sind erlangt worden – er hat mir einige Fotografien gezeigt. Wie unsere Leute dazu kamen, die innere Tür dieses Safes zu übersehen, ist eine Angelegenheit, die eingehend geprüft werden muß.«
»Sie dürfen ihnen keine Schuld zuschieben«, warf Wimsey dazwischen. »Sie sollte nämlich übersehen werden. Ich habe sie eigens so gemacht.«
Der Präsident fuhr fort, anscheinend ohne die Unterbrechung bemerkt zu haben.
»Wie mir der Gefangene verraten hat, befindet sich das Buch mit den Namen und Adressen in diesem inneren Fach zusammen mit gewissen Briefen und Papieren, die aus den Häusern von Mitgliedern gestohlen worden sind, und zahlreichen Gegenständen, die authentische Fingerabdrücke aufweisen. Ich glaube, daß er die Wahrheit spricht. Er bietet uns die Kombination des Safes für einen schnellen Tod an. Ich bin dafür, daß das Angebot angenommen wird. Wie denken Sie darüber, meine Damen und Herren?«
»Die Kombination ist uns bereits bekannt«, erklärte Nummer Zweiundzwanzig.
»Idiot! Dieser Mann hat uns gesagt und mir bewiesen, daß er Lord Peter Wimsey ist. Glauben Sie etwa, daß er vergessen hat, die Kombination zu ändern? Außerdem existiert das Geheimnis der inneren Tür. Wenn er heute nacht verschwindet, und die Polizei betritt sein Haus . . .«
»Ich bin dafür«, sagte eine volle Frauenstimme, »daß

man das Versprechen gibt und sich die Information zunutze macht – und zwar schnell. Die Zeit drängt.«
Ein zustimmendes Gemurmel wanderte um den Tisch.
»Sie hören es also«, wandte sich der Präsident an Wimsey. »Die Gesellschaft bietet Ihnen den Vorzug eines schnellen Todes für die Kombination des Safes und das Geheimnis der inneren Tür an.«
»Geben Sie mir Ihr Wort darauf?«
»Ja.«
»Danke. Und meine Mutter und meine Schwester?«
»Wenn Sie Ihrerseits uns Ihr Wort geben – Sie sind ja ein Ehrenmann –, daß diese Frauen nichts wissen, das uns schaden könnte, sollen sie verschont bleiben.«
»Ich danke Ihnen, Sir. Ich gebe Ihnen mein Ehrenwort, daß sie nichts wissen. Es würde mir im Traum nicht einfallen, irgendeine Frau mit so gefährlichen Geheimnissen zu belasten – besonders nicht die, die mir nahestehen.«
»Also gut. Einverstanden – ja?«
Murmelnd wurde die Zustimmung gegeben.
»Dann bin ich bereit, Ihnen die gewünschte Auskunft zu geben. Das Wort der Kombination ist *Unzuverlässig.*«
»Und die innere Tür?«
»In Erwartung des Polizeibesuches habe ich die innere Tür – die ziemliche Schwierigkeiten geboten hätte – offen gelassen.«
»Gut! Wenn die Polizei unserem Boten in die Quere kommt, dann wissen Sie ja . . .«
»Das würde mir nicht helfen, nicht wahr?«
»Es ist zwar ein Risiko«, sagte der Präsident nachdenklich, »aber ein Risiko, das wir meiner Ansicht nach auf uns nehmen müssen. Bringen Sie den Gefangenen in den Keller hinunter. Er kann sich damit amüsieren, den Apparat Nummer Fünf zu betrachten. Mittlerweile werden Nummer Zwölf und Sechsundvierzig . . .«
»Nein, nein!«

Ein feindseliges Gemurmel erhob sich und schwoll drohend an.
»Nein«, sagte ein großer Mann mit einer honigsüßen Stimme. »Nein – warum sollten andere Mitglieder in den Besitz dieser Beweise kommen? Wir haben heute abend einen Verräter und mehr als einen Dummkopf unter uns entdeckt. Wie können wir wissen, ob Nummer Zwölf und Nummer Sechsundvierzig nicht auch Dummköpfe und Verräter sind?«
Die beiden Männer wandten sich wütend an den Sprecher, aber eine hohe, erregte Mädchenstimme mischte sich in die Diskussion.
»Hört, hört! Der Mann hat recht, sage ich Ihnen. Wir wollen unsere Namen nicht von jemandem lesen lassen, von dem wir nichts wissen. Ich habe jetzt genug. Sie können uns ja samt und sonders an die Polente verkaufen.«
»Ich bin derselben Meinung«, ließ sich ein anderes Mitglied hören. »Man sollte niemandem trauen.«
Der Präsident zuckte die Achseln.
»Was aber, meine Damen und Herren, schlagen Sie dann vor?«
Es folgte eine Pause.
Dann kreischte dasselbe Mädchen wieder: »Ich schlage vor, daß der Herr Präsident selber hingeht. Er ist der einzige, der sowieso alle Namen kennt. Warum sollen wir andern das Risiko und die Arbeit haben, während er zu Hause sitzt und das Geld einsteckt. Er soll selber gehen. Das ist meine Meinung.«
Ein rauschendes Gemurmel der Zustimmung ging um den Tisch.
»Ich unterstütze den Antrag«, erklärte ein wohlbeleibter Mann, der eine ganze Reihe goldener Anhängsel an seiner Uhrkette trug. Wimsey mußte lächeln, als er die Anhängsel sah, es war diese kleine Eitelkeit, die ihm den Namen und die Adresse des wohlbeleibten Herrn verschafft hatte, und er empfand deswegen ein gewisses Wohlwollen für diese Schmuckstücke.

Der Präsident blickte sich im Kreise um.
»Es ist also der Wunsch der Versammlung, daß ich gehe?« fragte er mit düsterer Stimme.
Vierundvierzig Hände bekundeten ihre Zustimmung. Nur die als Nummer Zwei bekannte Frau saß regungslos und schweigend da. Ihre starken weißen Hände lagen zusammengeballt in ihrem Schoß.
Der Präsident ließ seine Augen langsam im Kreise herumgehen, bis sie auf ihr ruhten.
»Ich muß also annehmen, daß der Beschluß einstimmig ist?« erkundigte er sich.
»Geh nicht«, stieß sie keuchend hervor.
»Sie hören also«, erklärte der Präsident in etwas höhnischem Ton. »Diese Dame rät mir, nicht hinzugehen.«
»Ich erkläre: was Nummer Zwei sagt, hat weder Hand noch Fuß«, sagte der Mann mit der Sirupstimme. »Unsere eigenen Damen sähen es wahrscheinlich auch nicht gern, daß wir gingen, wenn sie die bevorzugte Stellung von Madame genössen.« Seine Stimme war eine Beleidigung.
»Hört, hört!« rief ein anderer Mann. »Dies hier ist eine demokratische Gesellschaft. Wir wollen keine bevorzugten Klassen.«
»Na schön«, sagte der Präsident. »Du hörst also, Nummer Zwei. Die Stimmung der Versammlung ist gegen dich. Kannst du irgendwelche Gründe vorbringen, die deine Ansicht unterstützen?«
»Hundert. Der Präsident ist das Haupt und die Seele unserer Gesellschaft. Wenn ihm etwas zustoßen sollte – wo wären wir dann? Sie alle –«, sie ließ ihre prachtvollen Augen über die Versammlung gleiten, »– haben Fehler gemacht. Ihrer Nachlässigkeit haben wir dies alles zu verdanken. Glauben Sie etwa, wir könnten uns fünf Minuten in Sicherheit wiegen, wenn der Präsident nicht hier wäre, um Ihre Dummheiten auszumerzen?«
»Das ist schon richtig«, sagte ein Mann, der bisher noch nicht gesprochen hatte.

»Verzeihung, wenn ich einen Vorschlag machen dürfte«, sagte Wimsey boshaft, »so ist es dieser. Da die Dame ja in einer Stellung zu sein scheint, in der sie das unbegrenzte Vertrauen des Präsidenten genießt, wird der Inhalt meines bescheidenen Bandes ihr wahrscheinlich nicht neu sein. Warum sollte also Nummer Zwei nicht selbst gehen?«

»Weil ich es nicht gestatte«, entgegnete der Präsident mit strenger Stimme, bevor seine Gefährtin die Worte äußern konnte, die ihr auf der Zunge lagen. »Wenn es die Versammlung wünscht, will ich gehen. Geben Sie mir den Schlüssel zu Ihrem Haus.«

Einer der Männer zog ihn aus Wimseys Rocktasche und gab ihn dem Präsidenten.

»Wird das Haus beobachtet?«

»Nein.«

»Ist das die Wahrheit?«

»Die volle Wahrheit.«

Der Präsident drehte sich an der Tür um.

»Wenn ich in zwei Stunden nicht zurückgekehrt bin«, sagte er, »rette sich jeder, so gut er kann, und mit dem Gefangenen können Sie machen, was Sie wollen. Nummer Zwei wird in meiner Abwesenheit Befehle erteilen.«

Er verließ das Zimmer. Nummer Zwei erhob sich mit einer gebieterischen Geste von ihrem Platz.

»Meine Damen und Herren. Das Souper gilt nun als beendigt. Fangen Sie bitte wieder an zu tanzen.«

Unten im Keller verging die Zeit langsam bei der Betrachtung des Apparates Nummer Fünf. Der elende Jukes jammerte und wütete abwechselnd und schrie sich schließlich in einen Erschöpfungszustand hinein. Die vier Mitglieder, die die Gefangenen bewachten, flüsterten von Zeit zu Zeit miteinander.

»Anderthalb Stunden, seitdem der Präsident fortgegangen ist«, sagte der eine.

Wimsey blickte auf. Dann wandte er sich wieder der Betrachtung des Raumes zu. Er enthielt so viele merkwürdige Dinge, die er seinem Gedächtnis einprägen wollte.

Bald darauf wurde die Falltür aufgerissen. »Bringen Sie ihn herauf!« rief eine Stimme.

Die Mitglieder der Bande saßen wieder um den Tisch. Nummer Zwei nahm den Stuhl des Präsidenten ein, und ihre wütenden Augen hefteten sich blutdürstig auf Wimseys Gesicht. Doch als sie sprach, bewies sie eine Selbstbeherrschung, die Wimseys Bewunderung erregte.

»Der Präsident ist zwei Stunden fort«, sagte sie. »Was ist ihm zugestoßen? Zweifacher Verräter – was ist ihm zugestoßen?«

»Wie soll ich das wissen?« entgegnete Wimsey. »Vielleicht hat er Nummer Eins in Sicherheit gebracht und sich aus dem Staube gemacht.«

Sie sprang mit einem kleinen Wutschrei auf und trat dicht an ihn heran.

»Biest! Lügner!« schrie sie und schlug ihm auf den Mund. »Sie wissen ganz genau, daß er das niemals tun würde. Er ist seinen Freunden treu. Was haben Sie mit ihm gemacht? Sprechen Sie – sonst werde ich Sie zum Reden bringen. Sie zwei da, bringen Sie mal die Eisen. Er *soll* reden!«

»Ich kann nur vermuten, Madame«, erwiderte Wimsey, »und ich werde bestimmt nicht besser vermuten können, wenn ich mit heißen Eisen dazu aufgefordert werde wie der Hanswurst im Zirkus. Beruhigen Sie sich, und ich werde Ihnen sagen, was ich denke. Ich glaube – ich befürchte sogar sehr –, daß *Monsieur le Président* in seiner Eile, die interessanten Beweisstücke in meinem Safe zu prüfen, ganz aus Versehen die Tür der inneren Kammer hinter sich zufallen ließ. In dem Fall . . .« Er zog die Augenbrauen in die Höhe, da seine Achseln zu wund waren, um sie zu zucken, und sah sie mit einem reinen, unschuldigen Bedauern an.

»Was soll das heißen?«

Wimsey blickte im Kreise umher.

»Ich glaube«, meinte er, »ich erkläre Ihnen zunächst einmal am besten den Mechanismus meines Safes. Es ist ein ziemlich guter Safe«, fügte er etwas wehleidig hinzu. »Die Idee habe ich selbst erfunden – natürlich nicht das Funktionsprinzip; das ist Sache der Wissenschaftler –, nur die Idee.

Die Kombination, die ich Ihnen gab, ist völlig korrekt. Sie öffnet die äußere Tür, die in die gewöhnliche Stahlkammer führt, wo ich mein Bargeld und meine Manschettenknöpfe und dergleichen aufbewahre. Aber es ist noch ein inneres Fach vorhanden mit zwei Türen, die auf eine ganz andere Weise geöffnet werden. Die äußere dieser beiden inneren Türen ist nur ein dünne Stahlhaut, die so angestrichen ist, daß sie wie die Rückwand meines Safes aussieht. Sie geht nach außen und wird mit einem gewöhnlichen Schlüssel geöffnet. Wie ich dem Präsidenten wahrheitsgemäß versicherte, hatte ich sie offen gelassen, als ich meine Wohnung verließ.«

»Glauben Sie etwa«, unterbrach ihn die Frau höhnisch, »der Präsident ist so naiv, daß er auf eine so offensichtliche Falle hereinfällt? Er wird schon etwas dazwischengestopft haben.«

»Zweifellos, Madame. Aber diese äußere innere Tür, wenn ich mich so ausdrücken darf, hat nur den Zweck, die einzige innere Tür vorzutäuschen. Hinter dieser Tür befindet sich jedoch noch eine, ein Gleitpaneel, das so in die Wand gleitet, daß man es nicht erkennen kann. Diese Tür war ebenfalls offengelassen. Unsere verehrte Nummer Eins brauchte nur geradeaus in die innere Kammer des Safes zu spazieren, die, nebenbei bemerkt, in den Schornstein der alten Souterrain-Küche eingebaut ist. Hoffentlich drücke ich mich klar genug aus.«

»Ja, ja – weiter. Fassen Sie sich kurz.«

Wimsey verbeugte sich und sprach noch bedächtiger als vorher: »Nun, diese interessante Liste über die Tätigkeiten der Gesellschaft, die ich die Ehre hatte zusammenzustellen, befindet sich in einem sehr großen Buch – das sogar noch dicker ist als das Hauptbuch des Herrn Präsidenten, das er hier in Benutzung hat. (Ich hoffe übrigens, Madame, daß Sie daran gedacht haben, das Buch an einen sicheren Platz zu bringen. Ganz abgesehen von dem Risiko, daß sich ein allzu diensteifriger Polizist dafür interessieren könnte, würde es auch nicht ratsam sein, es in die Hände jugendlicher Mitglieder der Gesellschaft fallen zu lassen. Ich glaube, die Stimmung der Versammlung würde sich gegen ein solches Vorkommnis richten.)«

»Es ist in sicherem Verwahr«, warf sie hastig ein. »*Mon Dieu!* Fahren Sie endlich mit Ihrer Geschichte fort.«

»Danke vielmals – es ist mir eine große Erleichterung. Sehr gut. Dieses dicke Buch liegt nun auf einem stählernen Regal an der Rückwand der inneren Kammer. Einen Augenblick, bitte. Ich habe Ihnen diese innere Kammer noch nicht beschrieben. Sie ist fast zwei Meter hoch, einen Meter breit und einen Meter tief. Man kann ganz bequem darin stehen, wenn man nicht allzu groß ist. Für mich ist sie wie geschaffen – wie Sie sehen, bin ich nur 1,74 groß. Der Präsident ist größer als ich; er mag sich vielleicht etwas beengt fühlen, aber er könnte sich in die Hocke setzen, wenn er das Stehen leid würde. Nebenbei, ich weiß nicht, ob Sie's wissen, aber Sie haben mich ziemlich fest verschnürt.«

»Ich möchte Sie fesseln lassen, daß Ihnen die Knochen krachen. He, Sie da, schlagen Sie ihn! Er versucht Zeit zu gewinnen.«

»Wenn Sie mich schlagen«, erklärte Wimsey, »werde ich keinen Ton mehr sagen, verdammt noch mal! Beherrschen Sie sich, Madame. Es hat keinen Sinn, hastige Züge zu machen, wenn Ihr König im Schach steht.«

»Weiter!« schrie sie wieder und stampfte vor Wut mit dem Fuß auf.

»Wo war ich doch noch? Ach ja, bei der inneren Kammer. Wie gesagt, sie ist reichlich beengend – um so mehr, als überhaupt keine Ventilation vorhanden ist. Habe ich schon erwähnt, daß das Buch auf einem stählernen Regal liegt?«

»Jawohl.«

»Diese Stahlplatte ruht auf einer empfindlichen, verborgenen Feder. Wenn das Buch – das, wie gesagt, sehr schwer ist – aufgehoben wird, hebt sich die Platte unmerklich. Dadurch wird ein elektrischer Kontakt hergestellt. Nun stellen Sie sich vor, Madame: unser verehrter Präsident tritt ein – hält die falsche Tür hinter sich offen – sieht das Buch – reißt es schnell an sich. Um sich zu vergewissern, daß es auch das richtige ist, schlägt er es auf – studiert die Seiten. Er sieht sich um nach den anderen von mir erwähnten Gegenständen, die Fingerabdrücke zeigen. Und leise, aber sehr, sehr schnell – Sie können sich das doch vorstellen, nicht wahr – springt die Geheimtür wie ein Panther hinter ihm zu. Ein ziemlich abgedroschener Vergleich, aber ganz passend, meinen Sie nicht auch?«

»Mein Gott! Oh, mein Gott!« Sie machte eine Bewegung, als wolle sie sich die stickige Maske vom Gesicht reißen. »Sie – Sie Teufel – Teufel! Wie heißt das Wort, das die innere Tür öffnet? Schnell! Das Wort! Und wenn ich es mit Zangen aus Ihnen herausreißen lassen muß!«

»Es ist nicht schwer zu behalten, Madame – obgleich es früher schon einmal vergessen wurde. Erinnern Sie sich noch aus Ihrer Kindheit an die Geschichte ›Ali Baba und die vierzig Räuber‹? Als ich die Tür anfertigen ließ, wanderten meine Gedanken in einer für meine Begriffe hübschen Anwandlung von Sentimentalität zu den glücklichen Stunden meiner Kindheit zurück. Die Worte, die die Tür öffnen, sind: ›Sesam, öffne dich.‹«

»Ah! Wie lange kann ein Mann in Ihrer teuflischen Falle leben?«

»Oh«, entgegnete Wimsey heiter, »ich denke, ein paar

Stunden, wenn er einen kühlen Kopf behält und den verfügbaren Sauerstoff nicht durch Schreien und Hämmern aufbraucht. Wenn wir sofort hingehen, würden wir ihn noch in leidlicher Verfassung antreffen.«

»Ich werde selbst gehen. Nehmen Sie diesen Mann und – quälen Sie ihn nach Herzenslust. Aber töten Sie ihn nicht, bevor ich komme. Ich will ihn sterben sehen.«

»Einen Moment«, sagte Wimsey, den dieser liebenswürdige Wunsch kalt ließ. »Ich glaube, Sie tun besser daran, wenn Sie mich mitnehmen.«

»Warum – warum?«

»Weil ich nämlich die einzige Person bin, die die Tür öffnen kann.«

»Sie haben mir aber doch das Wort gegeben. War das eine Lüge?«

»Nein – das Wort stimmt schon. Aber sehen Sie, es handelt sich um eine dieser ganz modernen elektrischen Türen. Es ist tatsächlich das Neueste an Türen. Ich bin ziemlich stolz darauf. Sie öffnet sich allerdings bei den Worten ›Sesam, öffne dich‹ – *aber nur bei meiner Stimme!«*

»Ihre Stimme? Ich möchte Ihre Stimme mit meinen Händen abdrosseln. Was soll das heißen – nur bei Ihrer Stimme?«

»Genau, was ich sage. Pressen Sie meine Kehle nicht so stark. Sonst könnten Sie meine Stimme so verändern, daß die Tür sie nicht wiedererkennt. So ist's besser. Sie ist nämlich ziemlich eigen in bezug auf Stimmen. Sie war einmal eine ganze Woche nicht zugänglich, als ich eine Erkältung hatte und sie nur in einem heiseren Geflüster anflehen konnte. Selbst normalerweise muß ich es manchmal mehrere Male versuchen, ehe ich den richtigen Ton treffe.«

Sie wandte sich an einen kurzen, untersetzten Mann, der neben ihr stand.

»Ist das wahr? Ist so etwas möglich?«

»Durchaus, Madame, leider«, erwiderte der Mann höf-

lich. Aus seiner Stimme schloß Wimsey, daß er wohl etwas Besseres war – wahrscheinlich ein Ingenieur.
»Ist es eine elektrische Vorrichtung? Verstehen Sie sich darauf?«
»Ja, Madame. Es wird irgendwo ein Mikrofon vorhanden sein, das den Klang in eine Reihe von Schwingungen umwandelt, die eine elektrische Nadel beeinflussen. Wenn die Nadel das richtige Muster gezeichnet hat, wird der Stromkreis geschlossen, und die Tür öffnet sich. Dasselbe kann man ebenso leicht mit Lichtschwingungen erreichen.«
»Könnte man sie nicht mit Werkzeugen öffnen?«
»Ja, aber das erfordert Zeit, Madame. Und es geht nur, wenn man den Mechanismus zerschlägt, der wahrscheinlich gut geschützt ist.«
»Worauf Sie sich verlassen können«, bestätigte Wimsey.
Sie griff sich mit den Händen an den Kopf.
»Ich fürchte, wir können nichts ausrichten«, meinte der Ingenieur in einem Ton, der Respekt für gute Arbeit verriet.
»Nein – warten Sie mal! Jemand muß doch darüber Bescheid wissen – die Arbeiter, die das Ding angefertigt haben?«
»Sind in Deutschland«, sagte Wimsey lakonisch.
»Oder – ja, ja ich hab's – ein Grammophon. Dieser – dieser – *er* – muß das Wort für uns sprechen. Schnell – wie kann man das machen?«
»Unmöglich, Madame. Woher sollten wir wohl an einem Sonntag morgen um halb vier so ein Gerät bekommen? Der arme Herr würde längst tot sein . . .«
Es folgte ein Schweigen, in das die Laute des erwachenden Tages fielen. Eine Autohupe ertönte in der Ferne.
»Ich gebe nach«, erklärte sie. »Wir müssen ihn gehen lassen. Binden Sie ihn los.« Sie wandte sich kläglich an Wimsey. »Sie werden ihn doch befreien, nicht wahr? Sie sind ja ein Teufel, aber ganz so teuflisch wohl doch nicht! Sie werden sofort hingehen und ihn retten!«

»Ihn gehen lassen – so sehen Sie aus!« warf einer der Männer ein. »Er kommt nicht weg, um uns bei der Polizei zu verraten, meine Dame, bilden Sie sich das nur nicht ein. Der Präsident ist eben übers Ohr gehauen worden, und wir anderen machen uns am besten aus dem Staub, solange wir noch eine Chance haben. Es ist alles aus, Jungs. Schmeißt diesen Kerl in den Keller und knebelt ihn, damit er nicht die ganze Nachbarschaft zusammenschreit. Ich werde die Bücher zerstören. Sie können sich danebenstellen, wenn Sie mir nicht trauen. Und Sie, Nummer Dreißig, wissen ja, wo der Schalter ist. Geben Sie uns eine Viertelstunde Zeit, um den Platz zu räumen, und dann können Sie das Haus in die Luft sprengen.«

»Nein! Sie dürfen nicht fortgehen – Sie können ihn doch nicht einfach sterben lassen – Ihren Präsidenten – Ihren Führer – meinen ... Ich lasse das nicht zu. Befreien Sie diesen Teufel. Helfen Sie mir, einer von Ihnen, mit diesen Stricken ...«

»Nichts da«, sagte der Mann, der zuletzt gesprochen hatte. Er faßte sie am Handgelenk, und sie wand sich schreiend, beißend und tobend in seinen Armen.

»Denken Sie daran«, mischte sich der Mann mit der Honigstimme ein. »Es geht auf den Morgen zu. In ein oder zwei Stunden ist es hell. Die Polizei kann jeden Augenblick erscheinen.«

»Die Polizei!« Sie schien sich mit Gewalt zusammenzureißen. »Ja, ja, Sie haben recht. Wir dürfen nicht die Sicherheit aller eines Mannes wegen aufs Spiel setzen. *Er* selbst würde das nicht wünschen. Das stimmt. Wir wollen dieses Aas in den Keller werfen, wo er uns nichts tun kann, und dann jeder nach Hause gehen, solange es noch möglich ist.«

»Und der andere Gefangene?«

»Der? Der arme Wicht ist ganz harmlos. Er weiß nichts. Lassen Sie ihn gehen«, antwortete sie verächtlich.

Wimsey wurde ohne weitere Umstände tief unten in den Keller gebracht. Er stand vor einem Rätsel. Daß sie sich weigerten, ihn gehen zu lassen, selbst wenn es um das Leben von Nummer Eins ging, konnte er verstehen. Das Risiko hatte er mit offenen Augen auf sich genommen. Aber daß sie ihn als Zeugen gegen sie zurückließen, erschien ihm unglaublich.
Die Männer, die ihn nach unten gebracht hatten, banden seine Fußgelenke zusammen und drehten beim Weggehen das Licht aus.
»He, Kamerad!« rief Wimsey. »Es ist ein wenig einsam hier. Sie könnten wenigstens das Licht anlassen.«
»Ist schon gut so, mein Freund«, lautete die Antwort. »Sie werden nicht lange im Dunkeln sitzen. Sie haben den Zeitzünder schon eingestellt.«
Der andere Mann lachte aus vollem Halse, und sie gingen zusammen hinaus. Das war es also. Er sollte mit dem Haus in die Luft gesprengt werden. In diesem Fall würde der Präsident bestimmt tot sein, ehe man ihn befreien konnte. Das quälte Wimsey. Es wäre ihm lieber gewesen, wenn er diesen Erzgauner dem Gericht hätte ausliefern können. Scotland Yard hatte schließlich sechs Jahre versucht, dieser Bande habhaft zu werden. Er lauschte angespannt. Es kam ihm so vor, als hörte er Schritte über sich. Die Bande hatte sich doch bereits fortgeschlichen . . .

Bestimmt hatte etwas geknarrt. Die Falltür öffnete sich, und er spürte, wie jemand in den Keller kroch.
»Still!« flüsterte eine Stimme in sein Ohr. Weiche Hände glitten über sein Gesicht und tasteten an seinem Körper herum. Dann spürte er den kalten Stahl an seinen Handgelenken. Die Stricke lockerten sich und fielen ab. Ein Schlüssel knackte in seinen Handschellen. Der Riemen um seine Fußgelenke wurde aufgeschnallt.
»Schnell! Schnell! Sie haben den Zeitzünder eingestellt. Das Haus ist unterminiert. Folgen Sie mir, so rasch Sie

können. Ich habe mich zurückgeschlichen unter dem Vorwand, meinen Schmuck zurückgelassen zu haben. Das stimmte auch. Ich habe ihn absichtlich vergessen. *Er* muß gerettet werden – nur Sie können das fertigbringen. Beeilen Sie sich!«

Wimsey, der vor Schmerzen taumelte, als das Blut wieder in seine abgestorbenen Glieder flutete, kroch ihr nach in das obere Zimmer. Im nächsten Moment hatte sie die Fensterläden zurückgeschoben und das Fenster weit aufgestoßen.

»Nun eilen Sie. Befreien Sie ihn! Versprechen Sie mir das?«

»Das verspreche ich. Aber ich warne Sie, Madame, dieses Haus ist umringt. Als die Tür meines Safes sich schloß, gab sie gleichzeitig ein Signal, das meinen Diener nach Scotland Yard schickte. Ihre Freunde sind alle geschnappt . . .«

»Ach! Aber Sie gehen – denken Sie nicht an mich –, schnell! Die Frist ist fast verstrichen.«

»Kommen Sie fort von diesem Haus!«

Er faßte sie beim Arm, und sie rannten stolpernd durch den kleinen Garten. Eine Taschenlampe leuchtete plötzlich in einem Gebüsch.

»Bist du's Parker?« rief Wimsey. »Ruf deine Leute zurück. Schnell. Das Haus fliegt jeden Augenblick in die Luft.«

Der Garten war plötzlich mit lärmenden, eilenden Männern angefüllt. Wimsey, der in der Dunkelheit umhertappte, stieß auf einmal heftig gegen die Mauer. Er sprang an die Mauerkappe, hielt sich daran fest und zog sich hinauf. Er tastete mit den Händen nach der Frau und zog sie ebenfalls empor. Sie sprangen; alles sprang; die Frau knickte mit dem Fuß und fiel stöhnend hin. Wimsey stolperte über einen Stein und stürzte kopfüber zu Boden. Dann ging mit fürchterlichem Getöse die Nacht in Flammen auf.

Wimsey erhob sich mit schmerzenden Gliedern aus den

Trümmern der Gartenmauer. Ein schwaches Stöhnen neben ihm verkündete, daß seine Gefährtin noch lebte. Plötzlich wurden sie vom Licht einer Laterne beschienen.

»Ach, hier bist du ja!« ertönte eine heitere Stimme. »Alles in Ordnung, alter Knabe?«

»Ja«, entgegnete Wimsey. »Nur ein bißchen aus der Puste. Ist die Dame wohlbehalten? Hm – Arm anscheinend gebrochen – aber sonst unversehrt. Was ist passiert?«

»Ungefähr ein halbes Dutzend von ihnen ist in die Luft geflogen. Den Rest haben wir eingesteckt.« Wimsey entdeckt einen Kreis dunkler Gestalten in der winterlichen Dämmerung.

»Großer Gott! Was für ein Tag! Was für eine Wiederkehr für eine bekannte Persönlichkeit! Du altes Biest – uns zwei Jahre im Glauben zu lassen, daß du tot seist! Ich hatte mir tatsächlich einen Trauerflor gekauft. Hat außer Bunter jemand davon gewußt?«

»Nur meine Mutter und meine Schwester. Ich habe einen versiegelten Umschlag beim Testamentsvollstrecker hinterlassen. Ich fürchte aber, wir werden unangenehm viele Scherereien mit den Rechtsanwälten haben, wenn wir nachweisen wollen, daß ich ich bin. He! Ist das Freund Sugg?«

»Ja, Mylord«, sagte Inspektor Sugg grinsend. Aber vor freudiger Aufregung standen ihm beinahe die Tränen in den Augen. »Bin verdammt froh, Eure Lordschaft wiederzusehen. Schöne Leistung, Eure Lordschaft. Alle wollen Ihnen die Hand drücken, Sir.«

»O mein Gott! Ich wollte, ich könnte mich erst waschen und rasieren. Bin auch sehr froh, Sie alle wiederzusehen nach zweijähriger Verbannung in Lambeth. Das hätten wir aber ganz gut hingekriegt, nicht wahr?«

»Ist er gerettet?« fragte eine gequälte Stimme.

Wimsey fuhr zusammen.

»Heiliger Himmel!« rief er. »Ich habe den Herrn im

Safe ja ganz vergessen. Hier, holen Sie schnell einen Wagen. Die Glanznummer, Moriarty, der Führer der ganzen Bande, ist in meiner Wohnung friedlich am Ersticken. Hier – steigen Sie ein – und heben Sie die Dame ebenfalls hinein. Ich habe ihr versprochen, daß ich ihn retten würde – obgleich« (er vollendete den Satz in Parkers Ohr) »er wahrscheinlich auch des Mordes angeklagt wird und ich für seine Chancen im Old Bailey nicht viel gebe. Tritt auf das Gaspedal! Er kann's in der Stahlkammer nicht mehr lange machen. Er ist der Kerl, den du gesucht hast. Bei all den unaufgeklärten Fällen war er die Triebfeder.«

Der Morgen dämmerte grau, als sie bei seinem Hause in Lambeth vorfuhren. Wimsey half der Frau aus dem Wagen. Sie trug jetzt keine Maske mehr, und ihr Gesicht, das vor Furcht und Schmerz ganz bleich war, zeigte einen verzweifelten Ausdruck.
»Russisch, wie?« flüsterte Parker Wimsey zu.
»Sieht so aus. Verdammt noch mal! Die Haustür ist zugeschlagen, und dieser Lump hat den Schlüssel bei sich im Safe. Tu mir den Gefallen und spring durchs Fenster.«
Parker kam diesem Wunsch nach und öffnete ihnen nach einigen Sekunden die Tür. Das Haus schien sehr ruhig zu sein. Wimsey führte sie in das Hinterzimmer, wo sich die Stahlkammer befand. Die Außentür und die zweite Tür waren durch Stühle am Zuklappen verhindert. Die innere Tür stand ihnen gegenüber wie eine leere grüne Wand.
»Ich hoffe ja nur, daß er die Vorrichtung nicht durch starkes Hämmern in Unordnung gebracht hat«, murmelte Wimsey. Eine ängstliche Hand umklammerte fieberhaft seinen Arm. Er riß sich zusammen und zwang seine Stimme zu einem heiteren, normalen Ton.
»Nun los, altes Ding«, wandte er sich im Tone der Unterhaltung an die Tür. »Zeig uns, was du kannst. Sesam,

öffne dich, zum Kuckuck noch mal, Sesam, öffne dich!« Die grüne Tür glitt plötzlich zur Seite und verschwand in der Wand. Die Frau sprang vor und fing das verkrümmte, bewußtlose Geschöpf, das aus der Stahlkammer rollte, in ihren Armen auf. Seine Kleidung war zerfetzt, und von seinen zerschlagenen Händen tropfte das Blut.

»Nicht so schlimm«, sagte Wimsey, »nicht so schlimm. Er wird schon mit dem Leben davonkommen – um sich vor Gericht zu verantworten.«

Aus dem Englischen

Wolfgang Ecke: Es begann in Paris

19. Juli
Eine warme, seidenweiche Nacht lag über Paris. Liebespaare, Trinker, Spaziergänger, Diebe, Emigranten, Touristen, Maler, Schlepper und viele, mehr oder weniger geschminkte Mädchen bevölkerten die Boulevardcafés und genossen den warmen Hauch, den die Steinwüste ausatmete, nachdem sie einen flimmernden Tag lang Hitze unter einer sengenden Sonne gespeichert hatte.

Es war die Nacht zum Freitag . . .
Kein Fremder hätte wohl hinter der grauen und tristen Fassade jenes Hauses in St.-Germain-des-Prés ein solches Appartement erwartet.
Sechs Räume, die angefüllt waren mit Kostbarkeiten aus vier Jahrhunderten und die mit zeitgenössischen Möbelstücken eine gelungene Einheit bildeten.
Besonders auffällig war die augenscheinliche Vorliebe des Wohnungsinhabers für die Zeit Ludwig des XIV. Da prunkten Kabinettschränke aus Ebenholz neben paarweise aufgestellten Konsoltischen.
Da gab es Gobelins von seltener Schönheit.
Würdevolle Lehnstühle von 1710 standen neben Sesseln vom Ende des 17. Jahrhunderts. Unübersehbar die Anzahl der Fayencen, Gläser, Porzellanarbeiten und Deckelpokale.
Das Auffallendste jedoch war der hinterste Raum, der mit der übrigen Wohnung so gar nichts gemein hatte.

Auf den ersten Blick schien es sich um ein Fotoatelier zu handeln. Wenn auch die Kameras fehlten, so vermittelten doch die zahllosen, von der Decke herunterhängenden Scheinwerfer diesen Eindruck. Erst beim zweiten Blick erkannte man die, von einer dunkelblauen, farbverspritzten Decke halb verborgene Staffelei; dazu auf einem Tisch in der linken Ecke zahllose Gläser und Behälter mit Pinseln.
Meterhohe Hintergrundfotos lehnten an der anderen Wandseite.
Georges Pauquet sah zur Uhr.
23 Uhr 45
Georges zündete zwei Dutzend Kerzen auf nicht weniger seltenen und prunkvollen Leuchtern an. Er war nicht nur Antiquitätenhändler und Maler, er war auch ein Romantiker.

23 Uhr 48
Aus winzigen, unsichtbaren Lautsprechern ertönte plötzlich ein Motiv aus »Peer Gynt«.
Pauquet kontrollierte das »Bühnenbild« mit einem letzten Blick, bevor er zur Tür ging.

»Da bin ich!« sagte sie in ihrer quietschend-kichernden Sprechweise. Und überflüssigerweise: »Haben Sie schon auf mich gewartet?«
Er lächelte: »Ich habe Sie herbeigewünscht, Célia. Wie war die Vorstellung?«
»Ach, wie immer . . .« Sie lauschte verwundert. »Was ist das für komische Musik?«
»Sie heißt ›In der Halle des Bergkönigs‹, stammt von Edvard Grieg und ertönt immer dann, wenn jemand auf meinen Klingelknopf drückt«, erklärte Pauquet lächelnd.
Célia kicherte. »Sie sind ein Komiker, Monsieur Pauquet. Musik statt einer Klingel.«
»Nennen Sie mich Georges!«

Sie betraten den Salon. Er im dunkelblauen Zweireiher von Cardin, sie in einem ordinären Fähnchen aus hellblauem Georgette, einer Bernsteinkette und überhohen Korksohlenschuhen. Sie nahm sich in dieser Umgebung aus, wie ein Steingutkrug unter Meißner Porzellan.
Sie betrachtete Kerzen, Möbel, die Gläser, die Bilder, die Miniaturen, und sie zog die Mundwinkel ein wenig geringschätzig nach unten.
»Sammeln Sie nur so altes Zeug, Georges?«
Pauquet nickte. Ernst und doch entschuldigend. »Nur so altes Zeug, Célia ... Es sei denn, daß ich gelegentlich auch etwas Schönes aus der Gegenwart finde ... So etwas Schönes wie Sie zum Beispiel ...«
»Oh«, quietschte sie. »Sie finden mich schön, Georges?«
»Zum Malen schön ... Nicht jedes Mädchen verfügt über einen so vollkommen gewachsenen Körper wie Sie!« Er nahm sie bei der Hand und führte sie in das kleine, intime Speisezimmer, wo der warme Schein eines siebenarmigen Leuchters erlesene Speisen auf unschätzbarem Porzellan erhellte. Im Schliff uralter Weinkelche brach sich das flackernde Kerzenlicht.
»Oh ...!« sagte sie beeindruckt. »Wie im Film ...«
Georges Pauquet zog einen der Stühle zurück und wartete, bis sie saß. Nachdem er auch selbst Platz genommen hatte, sagte er: »Wir werden speisen, etwas ruhen und anschließend mit der Arbeit beginnen ...«
Célia Berlettes, Tochter einer Köchin aus dem 2. Arrondissement und gegenwärtig Tänzerin eines zweitklassigen Etablissements am Montparnasse nickte. Ein wenig verloren sah es aus, ihr Nicken ...

Als er ihre Suppentasse füllte, klingelte das Telefon.
Es war 0 Uhr 12.
Célia bemühte sich, aus der Mimik ihres Gastgebers die Ursache dieser unerwarteten Störung zu lesen. Als ihr dies jedoch nicht gelang, begann sie unüberhörbar ihre Krebsschwanzsuppe zu löffeln.

Das sehr einseitig geführte Gespräch dauerte ganze drei Minuten.
Doch statt an den Tisch zurückzukehren, wandte sich Pauquet der Garderobe zu.
»Was ist denn, Georges?« rief Célia ungeduldig.
Als er wieder eintrat, hielt er ihren Schirm in der Hand.
Und mitten hinein in ihr stummes, fassungsloses Staunen sagte er:
»Ich bin untröstlich, Célia, aber wir müssen unsere heutige Sitzung leider abbrechen.« Und echtes Bedauern war in dem Blick, der ihr Puppengesicht streichelte.
»Und das schöne Essen?« Célia machte keinen Hehl aus ihrer Enttäuschung...« Das ganze Wochenende wollten Sie mich malen, Monsieur Georges ... Und zwanzig Francs wollten Sie mir für die Stunde geben...«
Georges legte ihr fünfhundert Francs neben die Suppentasse. »Hier, das wird Sie hoffentlich fürs erste tröstlich und versöhnlich stimmen...«
»Oh, Georges ... Das soll ich annehmen? Für nichts?«
»Sie sollen nicht nur, Célia, Sie müssen sogar..«

1 Uhr 30
Georges Pauquet verließ die Straße nach Versailles an der angegebenen Stelle und lenkte seinen Wagen auf den verlassenen Parkplatz neben der ehemaligen Omnibushaltestelle.
Er schaltete Motor und Licht aus und ließ die elektrisch betriebenen Fenster heruntergleiten.

1 Uhr 35
Pauquets Hand glitt blitzschnell in die Tasche. Von irgendwoher näherten sich Schritte. Ein Schatten war neben seinem Fenster...
»Monsieur, wir hatten über die Jagd gesprochen...«
»Kommen Sie herein!«

Was Pauquet erkannte, als sich der Fremde auf den Sitz neben ihm schob, war ein dunkler Trenchcoat mit aufgestelltem Kragen und ein weit ins Gesicht gezogener weicher Hut. Er schaltete die Zündung an und ließ die Fenster wieder hochgleiten.
»Sie wollen mir also ein Geschäft vorschlagen. Darf ich fragen, wer Sie an mich verwiesen hat, Monsieur?«
Der Fremde zu Pauquets Rechten schwieg eine Weile. Es war, als müsse er ernsthaft über diese Frage nachdenken. Dann sagte er leise:
»Ein Gentleman, dem Sie vor zwei Jahren geholfen haben, seinen . . .« Er verstummte.
»Und wer sind Sie?« wollte Pauquet wissen.
Bewegung kam in die Stimme des anderen.
»Sie erhalten einen Auftrag und ein Honorar in zufriedenstellender Höhe. Meine Person ist für Sie völlig uninteressant.« Und mit einem rauhen Unterton fügte er hinzu: »Ich frage Sie schließlich auch nicht, was Sie dazu drängt, sich auf derartige Geschäfte einzulassen.«
Pauquets Stimme war plötzlich ohne jegliche Verbindlichkeit. Hart und kalt kam seine Antwort: »Ich habe zwei Leidenschaften, Monsieur. Eine, die nur wenig kostet, das ist das Malen, und eine, die fast unbezahlbar ist: das Sammeln von Antiquitäten. Denn nur in der Vergangenheit liegen die Werte der wahren Kunst . . . Sie brauchen mir nicht zu widersprechen, ich weiß, daß es sich dabei um meine ureigenste Ansicht handelt . . . Und nun zu Ihnen, Monsieur: Wissen gibt Sicherheit! Und Sicherheit ist die Voraussetzung bei meiner . . . nun, sagen wir, unmoralischen Nebenbeschäftigung. Wenn Sie sich meiner bedienen wollen, muß ich Ihre Identität kennen. Andernfalls werden sich unsere Wege in diesem Augenblick wieder trennen!«

Zwei geschlagene Minuten lang war nur das automatische Aufziehen der Autouhr zu hören. Dann holte der Mann neben Pauquet tief Luft.

»Ich bin Honoré de Boullier!«
»Der Alleininhaber von zwölf Großbrauereien!« Es hörte sich an, als bereite diese prosaische Feststellung Georges Pauquet körperliches Mißbehagen.
»So ist es!« sagte de Boullier. Und sarkastisch: »Ich sehe, Sie sind nicht nur über Antiquitäten informiert.«
»Ihr Angebot!« forderte Pauquet eisig.
»Einhunderttausend!«
»Francs??«
»Schweizer Franken!«
»Wer ist es?«
»Clint Sherwood!« De Boullier schluckte schwer, nachdem er den Namen ausgesprochen hatte.
Georges Pauquet wandte ihm den Kopf zu. Verwundert betrachtete er den dunklen Schatten an seiner Seite.
»Clint Sherwood, der englische Motorradrennfahrer? Ist er nicht mit Ihrer Tochter verlobt? Und lebt er nicht in Ihrem Haus?«
»Ja ... Fragen Sie mich nicht nach Gründen. Ich kann Ihnen nur eines sagen: Ich habe wochenlang, ja monatelang nach einer anderen Lösung gesucht. Es gibt keine ...« Seine Stimme war jetzt heiser. »Monsieur Pauquet, es muß nach Selbstmord aussehen!«
Georges Pauquet verzog angewidert das Gesicht. »Ich verstehe absolut nichts von Technik. Schon gar nichts von Rennmotorrädern ... Ich habe schon Schwierigkeiten bei meinem Rasenmäher!«
De Boullier holte einen Plastikbeutel aus der Tasche und hielt ihn Pauquet hin.
»Seine Pistole ...«
»Und wo soll es geschehen? Haben Sie vielleicht auch schon einen Plan?«
Der Millionär nickte. Pauquet ahnte das Nicken mehr, als daß er es erkannte.
»In vierzehn Tagen findet in Österreich ein Rennen statt ... Sherwood hat die abergläubische Angewohnheit zu jedem Rennen allein im eigenen Wohnwagen zu reisen.

Meistens ist er schon drei Tage vor Beginn der Veranstaltung an Ort und Stelle und sucht sich in der Nähe der Rennstrecke einen abgelegenen Flecken, wo er seinen Wagen aufstellt. Er nennt es ›Rennklausur‹. Das wäre die richtige Umgebung!«
»Und Sie sind sicher, daß er allein reist?«
»Absolut sicher!«
»Hätte er einen Grund zum Selbstmord?«
De Boullier schien wieder zu überlegen. »Mein Gott, Grund zum Selbstmord ... Wer kann schon in einen anderen Menschen hineinsehen, Monsieur Pauquet?«
»Haben Sie keine Angst in etwas verwickelt zu werden?« fragte dieser dagegen.
»Bei einem Selbstmord? Nein ... Man hat mir gesagt, daß Sie Ihr Geschäft verstehen. Warum sollte ich dann Angst haben ... Nehmen Sie meinen Auftrag an?«
Als Georges Pauquet antwortete, klang es, als verteidige er sich vor einem unsichtbaren Gericht, und der gewissenlose de Boullier konnte sich eines Fröstelns nicht erwehren:
»Gab es nicht zu jeder Zeit Fürsten, Könige und Potentaten, die bereit waren, Tausende armer Kreaturen für ein paar Quadratmeter wertlosen Bodens zu opfern? Wird nicht seit Jahrtausenden der kleinsten persönlichen Vorteile wegen geopfert?« Und dann fast höhnisch: »Was zählt ein Clint Sherwood gegen ein Paar Eckschränkchen in schwarzem Lack mit goldenen Chinoiserien?«
Und geschäftsmäßig zu de Boullier gewandt: »Ich könnte sie eventuell für Hundertausend bekommen. Gut, Monsieur, wie soll das Geschäft abgewickelt werden?«
De Boullier griff in die Innentasche seines Mantels. In der Hand hielt er ein kleines, in helles Papier eingeschlagenes Päckchen. Dazu sagte er:
»Hier sind die Hälften von einhundert Tausendfrankenscheinen. Sobald ich die für mich wichtige Information

erhalte, gebe ich Ihnen Bescheid, unter welchem Codewort die anderen Hälften auf der Pariser Hauptpost lagern . . .«

Sonnabend, 21. Juli:
Pauquet informiert Jean Liselle, den Geschäftsführer seines Hauptgeschäftes in der Rue de la Paix von einer eventuell bevorstehenden Geschäftsreise in die Schweiz und nach Deutschland.

Sonntag, 22. Juli
Pauquet studiert mit fast wissenschaftlicher Genauigkeit eine Reiseroute.

Montag, 23. Juli:
Pauquet erscheint bei Jean Liselle und anschließend bei Mademoiselle Grubier, der Geschäftsführerin der Filiale in der Rue Soufflot und teilt beiden mit, daß er zur Begutachtung einiger Stücke verreise. Voraussichtliche Dauer seiner Abwesenheit acht bis zehn Tage.

Dienstag, 24. Juli:
Pauquet fliegt nach Zürich, mietet einen Leihwagen und übernachtet im Hotel »Stadt Luzern«.

Mittwoch, 25. Juli:
Pauquet sucht nacheinander sechs Antiquitätengeschäfte auf, handelt und erwirbt auf Abruf zwei Putten, eine Klappsonnenuhr, geschätztes Alter dreihundertsiebzig Jahre, und fährt anschließend nach St. Gallen.

Donnerstag, 26. Juli:
Pauquet reist über Bregenz, Sonthofen nach Kempten, kauft in örtlichen Antiquitätengeschäften Kleinigkeiten.

Freitag, 27. Juli:
Pauquet passiert in Reutte/Tirol zum zweiten Mal die österreichische Grenze, fährt durch bis Garmisch-Partenkirchen und quartiert sich dort im Hotel »Vier Jahreszeiten« ein. Er ersteht am selben Tag in einem Antiquitätengeschäft in der Bahnhofstraße eine Madonna aus dem 16. Jahrhundert.

Sonnabend, 28. Juli:
Spaziergänge, Fahrt nach Oberammergau. Pauquet kauft sich derbe Schuhe, eine Kniebundhose und einen Knotenstock.

Sonntag, 29. Juli:
Spaziergänge, Fahrt mit einem Omnibus nach Ettal. Besuch des Klosters.

Montag, 30. Juli:
Abreise von Garmisch-Partenkirchen. Pauquet reist zum dritten Mal in Österreich ein und erreicht gegen Mittag Innsbruck. Er stellt seinen Wagen auf einem unbewachten Parkplatz im Südteil der Stadt ab und mietet sich im »Haus Bergblick« im Ostteil der Stadt ein.

Dienstag, 31. Juli:
Pauquet unternimmt mit Knotenstock, Fernglas und Kamera Tagesausflüge in die Umgebung.

Mittwoch, 1. August:
Aktivitäten wie am Vortag.

2. August
Pauquet hockte zwischen zwei Felsbrocken und sah hinunter ins Tal.
Der Wohnwagen war schon mit bloßem Auge auszumachen. Pauquet schätzte die Entfernung zwischen diesem und dem im Hintergrund erkennbaren Einzelgehöft auf rund vier- bis fünfhundert Meter.
Vor einer Stunde hatte Sherwood von dort offensichtlich Frischwasser geholt. Auf dem Rückweg wurde er von einem kleinen Jungen begleitet, der jedoch vor wenigen Minuten wieder zum Haus zurückgelaufen war.

20 Uhr 50
Es begann zu dämmern.
Durch das Glas konnte Pauquet erkennen, daß Sherwood inzwischen Licht eingeschaltet hatte. Er erinnerte sich mit Schaudern an die Enge eines Wohnwagens, in dem er vor Jahren einmal das Ende eines wolkenbruchartigen Regens abwarten mußte.

22 Uhr 20
Leise Radiomusik drang in die Nacht.
Die Lichter hinter den Fenstern des Bauernhauses waren erloschen.
Pauquet befand sich nur noch zwanzig Meter vom Wohnwagen entfernt. Nichts deutete darauf hin, daß sich außer Sherwood und ihm selbst noch Menschen in der Nähe befanden.

22 Uhr 25
Pauquet klopfte mit dem Knauf seines Knotenstockes leise gegen die Wohnwagentür.
»Hallo . . .!« rief er.

Die Tür öffnete sich. Sherwood hielt ein Buch in der Hand.
»Monsieur, Sie schickt der Himmel ...« Pauquet bediente sich des Französischen. »Ich sah das Pariser Kennzeichen ...«
Er stöhnte und stützte sich erschöpft auf seinen Knotenstock.
»Wo kommen Sie denn her?« Sherwood war freundlich und ohne Ahnungen.
»Ich habe mich verlaufen ... Ja, und dann war es plötzlich dunkel ...« Fast flehend bat er: »Hätten Sie nicht einen Schluck Wasser für mich?«
»Kommen Sie herein, Monsieur«, forderte Clint Sherwood seinen Mörder auf. »Ich habe sogar noch etwas Besseres ...«

3. August
Ein kleiner Junge, namens Ignaz Bärnleitner, hatte ihn kurz vor 10 Uhr gefunden.
Seine Mutter verständigte den örtlichen Gendarmerieposten und Wachtmeister Prenzberger die Kriminalpolizei in Innsbruck und den Arzt.
Der junge Motorradrennfahrer Clint Sherwood hatte seinem Leben in einem Wohnwagen ein Ende gemacht. Der Dorfarzt diagnostizierte Selbstmord durch einen Pistolenschuß in die Schläfe. Die austretende Kugel hatte dann noch einen an der Wand hängenden Spiegel zertrümmert. Das Geschoß fanden die Beamten der Spurensicherung später im Holz hinter dem Spiegel.
In den Mittagsnachrichten ging die sensationelle Neuigkeit über die Sender. Am Selbstmord des Rennfahrers schien es keinerlei Zweifel zu geben.
Eine hoffnungsvoll begonnene Karriere war abrupt zu Ende gegangen. Geblieben war lediglich die Frage nach dem Warum ...

Die Meldung vom Selbstmord des Rennfahrers wurde am 23. September in Mord umgewandelt. Auf die Frage nach den Gründen einer bewußt falschen Information, ließ die Administration verlautbaren, daß sich zum damaligen Zeitpunkt eine heiße Spur angeboten habe, der man erst habe nachgehen müssen. Über die Art der »heißen Spur« schwieg man sich aus.
Die Jagd auf den oder die Mörder wurde offiziell freigegeben.

Am 12. November erkrankte Honoré de Boullier an einer Lungenentzündung und verfiel täglich mehr. Am 21. November starb er . . .

29. November
Es war ein kalter Tag und es schien eine noch kältere Nacht zu werden.
Georges Pauquet achtete darauf, daß es in fünf der sechs Räume nicht zu warm wurde. Nichts schadet den antiquarischen Möbelstücken mehr als zu große Wärme.

23 Uhr 30
Georges zündete zwei Dutzend Kerzen auf kostbaren Leuchtern an.

23 Uhr 39
Aus winzigen, unsichtbaren Lautsprechern ertönten die Klänge von »In der Halle des Bergkönigs«.
Pauquet kontrollierte das »Bühnenbild« mit einem letzten Blick, dann ging er zur Tür.
Die schwarzhaarige Nadine, die er in einem Café am Boulevard Raspail kennengelernt hatte, war nicht nur von betörender Schönheit, sie war auch von fast beängstigender Intelligenz . . .

Er öffnete, voller Freude auf ein gescheites Zwiegespräch ...
»Guten Abend, Monsieur ...« sagte der Mann zur Linken. Und der, der rechts stand: »Sie sind doch Monsieur Pauquet?«
Georges Pauquet nickte zustimmend.
»Kriminalpolizei!« sagte der Linksstehende. Und sein Begleiter: »Mordkommission! Wir haben einen Haftbefehl gegen Sie, Monsieur. Und wir machen Sie darauf aufmerksam, daß alles, was Sie ab jetzt sagen, gegen Sie verwandt werden kann.«
»Und wen soll ich umgebracht haben?«
»Monsieur Sherwood ...«, sagte diesmal der Rechtsstehende, während der andere assistierte: »Wir fanden im Nachlaß des verstorbenen Monsieur de Boullier die entsprechenden Aufzeichnungen ... Übrigens, Monsieur, ich würde Ihnen einen dicken Mantel empfehlen, es hat sich beträchtlich abgekühlt.«
»Ja«, sagte der mit dem Haftbefehl in der Hand. »Es hat mindestens 15 Grad unter Null ...«
»Danke ... Vielen Dank!« antwortete Pauquet. »Bitte, treten Sie doch ein ...«
Sie taten es.
In diesem Augenblick ertönten Griegs Klänge aufs neue.
»Sie erwarten noch Besuch?« fragte der Größere der beiden.
»Ja«, nickte Georges Pauquet ...« Aber ich werde so tun, als ob ich nicht zu Hause wäre ...«

Über die Autoren

Agatha Christie (1891–1976)
Englische Schriftstellerin, wohl die erfolgreichste Autorin der Welt, die eigentlich Musikerin werden wollte. Ihre Kriminalromane werden in allen Sprachen gelesen.
Das Geheimnis des blauen Kruges; aus: Der Unfall und andere Fälle.
Scherz Verlag, Bern und München.

Gilbert Keith Chesterton (1874–1936)
Englischer Erzähler, dessen Werke, Gedichte, Detektivgeschichten, fantastische Geschichten, Essays, seinen katholischen Glauben, zu dem er übertrat, widerspiegeln.
Das Hundeorakel; aus: Der Hammer Gottes.
Kösel Verlag, München. 1967.

Dorothy Leigh Sayers (1893–1957)
Englische Schriftstellerin, die neben Romanen und Kurzgeschichten eine Reihe religiöser Dramen schrieb. Sie studierte französische Literatur und legte als eine der ersten Frauen an der Universität Oxford ihre Examina ab.
Die Heldentat in der Höhle des Ali Baba; aus: Die Katze im Sack.
Scherz-Classic-Krimi Nr. 430, Scherz Verlag, Bern und München.

Richard Horatio Edgar Wallace (1875–1932)
Englischer Journalist und Schriftsteller, dessen Kriminalromane in viele Sprachen übersetzt, vielfach verfilmt und in Bühnenfassungen gespielt werden.
Die Schatzgräber; aus: Der sechste Sinn des Mr. Reeder.
Goldmann rote Krimi 77. Wilhelm Goldmann Verlag, München.

Wolfgang Ecke (geb. 1927)
Erfolgreichster deutscher Jugendschriftsteller von Detektivgeschichten, ständiger Mitarbeiter bei 16 europäischen Rundfunkanstalten.
Es begann in Paris

Spannende Bücher von Wolfgang Ecke in den Ravensburger Taschenbüchern